外语学术普及系列

什么是形态学

王文斌 著

上海外语教育出版社
外教社 SHANGHAI FOREIGN LANGUAGE EDUCATION PRESS

图书在版编目（CIP）数据

什么是形态学 / 王文斌著.
—上海：上海外语教育出版社，2014（2022重印）
（外语学术普及系列）
ISBN 978-7-5446-3632-2

Ⅰ.①什… Ⅱ.①王… Ⅲ.①词汇学－研究 Ⅳ.①H03

中国版本图书馆CIP数据核字（2014）第023116号

出版发行：**上海外语教育出版社**
（上海外国语大学内） 邮编：200083
电　　话：021-65425300（总机）
电子邮箱：bookinfo@sflep.com.cn
网　　址：http://www.sflep.com
责任编辑：许进兴

印　　刷：江苏凤凰数码印务有限公司
开　　本：850×1168　1/32　印张6.75　字数183千字
版　　次：2014年4月第1版　2022年1月第4次印刷

书　　号：ISBN 978-7-5446-3632-2 / H · 1888
定　　价：20.00元

本版图书如有印装质量问题，可向本社调换
质量服务热线：4008-213-263　电子邮箱：editorial@sflep.com

外教社外语学术普及系列

出 版 说 明

"外语学术普及系列"是上海外语教育出版社专门为外语语言学和文学方向学习者策划出版的一套入门级学术读物,主要分为语言学和文学两大部分,涵盖了这两个研究领域的众多分支,作者多是外语语言学与文学领域的知名专家和教授。

我们希望通过解惑的方式达到传道授业的目的,所以力求简明扼要、浅显易读。本系列每本书均以问答的形式讲解学术领域的专业内容,语言学部分的分册每本包含约 80 个问题;文学部分的分册每本包含约 60 个问题以及 1 篇代表性文学作品的阅读赏析,每册书后均附有中英文对照的术语汇总,以期给读者提供更便捷的阅读参考。

相信本套丛书的出版能满足对语言学、文学研究感兴趣的读者的阅读需求,引领他们进入外语研究的学术园地。

目 录

序言 / i

（一）形态学的性质、目标、演变、范围和研究方法 / 1
1. 何谓形态学？ / 1
2. 形态学研究的目标是什么？ / 3
3. 形态学研究包括哪些方面？ / 5
4. 形态学有过哪些历史演进辙迹？ / 6
5. 何谓形态学的历时研究和共时研究？ / 12
6. 形态学在语言学研究中处于何种地位？ / 13
7. 形态学研究在历史上主要有哪些流派？ / 15
8. 什么是分布形态学？ / 20
9. 什么是无定型形态学？ / 22
10. 什么是自然形态学？ / 23
11. 语言的形态有哪些类型？ / 24
12. 形态学有哪三种主要研究方法？ / 27
13. 《形态学》是一本什么样的期刊？ / 28

（二）形态学研究中的基本概念 / 30
14. 何谓词素？ / 30
15. 何谓形素和词素变体？ / 33
16. 何谓词缀？ / 34
17. 英语词缀有哪些种类？ / 36

18. 何谓类词缀？/ 42

19. 类词缀化词的词义有哪些变化？/ 44

20. 现代英语中有无中缀？/ 46

21. 为何说英语的词缀具有多义性？/ 50

22. 何谓词位？/ 51

23. 型、例、词位和词原形在概念上有何区别？/ 52

24. 何谓词？/ 54

25. 词与词缀有何关系？/ 56

26. 何谓词根？/ 58

27. 英语中自由词根与非自由词根有何本质区别？/ 59

28. 何谓词干和词基？/ 62

29. 何谓屈折词和派生词？/ 63

30. 何谓屈折词缀和派生词缀？/ 66

31. 何谓组合成分？/ 67

32. 汉语有无形态？/ 69

33. 汉语有词缀吗？/ 70

34. 汉语中有无转类词？/ 72

35. 如何开展英汉词素对比研究？/ 74

36. 汉语中有哪些英源借词？/ 77

37. 英语中有哪些汉源借词？/ 79

（三）形态学的构词研究 / 81

38. 屈折变化与派生变化有何区别？/ 81

39. 英语词内部主要有哪些构型？/ 83

40. 英语构造新词有哪些方法？/ 85

41. 回溯词是怎样一种词？/ 91

42. 缩略词有哪些类别？/ 94

43. 何谓逆向首字母缩拼词？/ 95

44. 缩略词流行的社会原因何在？/ 97

45. 何谓流俗词源？/ 99

46. 逆成词有哪些类别？/ 102

47. 何谓英语析取词？/ 104

48. 何谓复合词的递归性？/ 106

49. 英语复合名词内部有哪些句法关系？/ 108

50. 英语复合形容词内部有哪些句法关系？/ 112

51. 英语复合动词内部有哪些句法关系？/ 115

52. 英语复合词有哪些内在语义关系？/ 118

53. 英语名—名复合词中独立框架与复合框架有哪些认知关系？/120

54. 何谓英语复合词的向心结构与离心结构？/ 123

55. 英语离心结构复合词构建有何认知动因？/ 125

56. 何谓英语中的新古典类复合词？/ 127

57. 何谓短语词？/ 129

58. 复合词与短语有何区别？/ 130

59. 英语构词中有无"会意法"？/ 132

60. 英语"会意法"构词有何心理现实？/ 134

61. 英语词有无音义关联？/ 136

62. 英语构词中语音嬗变效应有哪些表现？/ 138

63. 何谓词化？/ 142

64. 英语词的词化有哪些类型？/ 143

65. 如何判定英语的词化词？/ 148

66. 构词规则有哪些制约因素？/ 150

67. 英语同义词主要有哪些来源及语体差异？/ 152

68. 为什么说"今天的词法曾是昨天的句法"？/ 154

69. 何谓心理词典？/ 156

（四）形态学的学科交叉研究 / 158

70. 何谓形态音位学？/ 158

71. 何谓形态语义学？/ 159
72. 何谓形态句法学？/ 161
73. 何谓形态语用学？/ 163
74. 形态学与词汇学有哪些共性与个性？/ 165
75. 形态结构与心理有何种关系？/ 167
76. 形态学的认知研究有哪些表现？/ 168
77. 形态如何习得？/ 170
78. 形态如何进行语言处理？/ 172
79. 形态学研究如何使用语料库方法？/ 174
80. 定量和定性分析在形态学中有何作用？/ 175

参考文献 / 178
术语汇览 / 187
推荐书目 / 197

什么是形态学

序 言

形态学以探究语言中词的内在结构以及词形成的规则为宗旨。本书名为《什么是形态学》，也同样以此为旨归。然而，作为一本普及性学术读物，除了紧扣这一宗旨外，还需介述该学科的研究目标、方法、沿革、范围、基本概念以及与其他学科的关联。因此，本书以究问词的内部构型以及构词的诸种方式为轴心，展开各相关方面的描述和论析，主要内容涉及四个方面：一是形态学概述，介绍其性质、研究目标、演变、范围和研究方法；二是形态学研究中的诸种基本概念；三是形态学的构词研究；四是形态学的学科交叉研究。

"形态学"在英语中的术语是"morphology"，尽管这一术语是由德国文豪歌德于19世纪初创构，并由德国语言学家A. Schleicher于19世纪50年代后期率先引入语言学，可从今日可资稽索的最早语法研究史料来看，关于形态学的研究可回溯至公元前1600年的古巴比伦时期，当时的研究者就对苏美尔语（Sumerian）中词内部的形态结构进行了较为缜密的考察。由此算来，形态学研究至今已走过3600多年的历程，虽非一路平坦，但始终以其在语言学研究中的特殊意义而脚踏实地地向前挺进。的确，形态学虽曾几度因语言学研究的不同侧重而被学界所轻忽，但其所经历过的曲折起伏，恰能昭显形态学研究在语言学研究中不可或缺的地位。在当代语言学界，恐怕谁都难以申言,语言学研究可以忽略形态学。当今的句法学、语义学、音位学、语用学、语言类型学、二语习得研究等,均无法超越词外而进一步拓展。形态学无疑是语言学研究的有机组成部分。若罔视形态学的存在,语言学研究便无法完整。在西方国家,许多学者倾力于形态学研究,不仅已取得丰硕的成果,而且在研究历程中已演进出较为明显的五个学术流派:词性功能学派、语言比较学派、结构主义学派、生成学派和学科交叉学派。在聚焦于形态学本体考索的同时,已拓展至与其他相关学科的交融。我们似可预见,随着语言学研究的不断推进,形态学必然以其勃勃生机进一步往其特有的纵横维度迈进。

毋庸置疑,形态学的落脚点是词的内部构素以及词的构造规则,而词的内部构素及其构造规则的究知对象就是词素和词,而词素和词显然是语言的基础原料。语言学不论有多少种理论或假说,均无法游离于对词素和词的密切关注之外,否则,其研究便会成为悬于空中的楼阁而无所依托。譬如说,词(word)、词素(morpheme)、形素(morph)、词素变体(allomorph)、词形变异(variation)、屈折词缀(inflectional affix)、派生词缀(derivational affix)、简单词(simple word)、复杂词(complex word)、词位(lexeme)等等概念,均是句法学、语义学、音位学、语用学、语言类型学、二语习得研究中所不能规避的概念,有些甚至是这些语言学分支的考索基点。我们可以说,形态学领域的诸多现象,即便不是语言学诸分支研究的重要对象,至少也是这些分支赖以开展研究的部分基础。再者,若要进行外语教学,或要习得一门外语,多半是以词和词素为起点,如"bird"是英语中的一个名词,若要表达其复数形式,就要在"bird"这一词后黏附"-s"这一词素,从中我们不难体会形态学知识的重要。

在我们国家,形态学研究并不发达,迄今似乎只有陈光磊(1994)出版的专著《汉语词法论》,况且此书还不完全是形态学意义上的学术成果,而是带有较为明显的汉语词汇学特征。除此之外,由国人著述的以汉语形态学为主题的研究成果鲜有问世,倒是美国学者 J. L. Packard

(2000)出版了一本此类专著:《汉语形态:语言认知研究法》(*The Morphology of Chinese: A Linguistic and Cognitive Approach*)。对国外某一语言的形态学研究,国人也罕有为之,相近的研究成果似乎只有王文斌(2005)撰写的《英语词法概论》,但其研究方法却基本上因袭传统,并未融入新近的形态学研究方法。国内形态学研究之所以会出现这种局面,究其缘由,主要有三。其一是在1898年《马氏文通》问世之前,汉语的语言研究多以传统的"小学"为主导,偏重于训诂、文字和音韵的考问,尤其关注训诂学中名与实两者之间的关系之辨,如春秋时期邓析就主张"循名责实",墨家也提出"以名举实",荀子要求"制名以指实",韩非子更认为需要"循名而责实"。即便是文字学的考据,似乎也是以训诂目的为主旨,通常由字以通其词,由词以通其实。这些研究几乎不涉及句法层面,对词及词素与句法的关系(即对词与词素在句法关系中所起的作用)更是少有过问。其二是受制于汉语本身的语言类型。汉语属于典型的孤立语,即分析语,其鲜明特征是句子中词与词之间的关系通常依凭独立的虚词以及固定的词序来表达,而不是借助词的内部形态变化来传达句法关系,词形紧固,缺乏变化。汉语语言的这种特征难以催生对词的形态研究的客观需求,随之也导致对此研究在主观上的动机缺席。其三是即便国外的形态学研究成果不断面世,因上述两种原因,国人对此也甚少密切关注,主动跟进。总体而言,目前尚欠以"他山之石,可以攻玉"的积极心态来考量汉语的构词研究,况且汉语中到底有无形态,学界对此也意见歧出,难有定论。

值得注意的是,在我们国内,学者们十分重视词汇学研究,不论是汉语词汇学抑或外语词汇学(如英语词汇学等),均有大量的论文和专著呈世,这是十分可喜的学术成就。之所以会出现这种盛况,其主因恐怕有二:一是我国现代词汇学的产生和发展,与上文提及的传统"小学"具有历史上的内在联系和渊源关系,擅长于对词汇的分析和描写,聚焦于观察和分析单纯词和合成词的构造、词义、词的理据、多义词、同义词、反义词、同音词、词义的演变、词与词之间的关系等;二是我国的词汇学研究,受染于20世纪50年代苏联的词汇学探究。苏联之所以对词汇学有深度究问,主要缘于当时其国内对多民族语言的科学审视、活跃的词典编纂以及词汇学成为高校语文学教育体系必修的理论课程等多种原因。受此影响,我国在当时建立了词汇学学科,并频繁地使用"词素"、"熟语学"、"词源学"、"构词法"、"词根"、"语义变化"、"单义词"、"多义词"等学科术语,这标志着词汇学研究迎来了艳阳天,同时也为其日后的蓬勃发展奠定了基础。

然而,需要明了的是,尽管词汇学与形态学均关注词本身,可这种共性无法取代彼此的个性。词汇学的审视重点在于对词的性质、词的结构及其规范、词的理据、新词形成的途径和方法、词的词义特征、词义分类、词的起源、词形的历史演进及词义的演化、词的用法等诸方面,多半与词汇语义学相关。形态学尽管同样重视对词的性质、词的结构及其规范、新词形成的途径和方法、词形的历史演进等诸方面的研究,然而它更关切词的构型、词性分类、词素、词缀及其分类、词根、词的派生和词的屈折变化形式等。形态学之所以如此,从发生学意义上讲,这主要是因为从其诞生之日起,就与句法研究结下了不解之缘。西方语言大多属于屈折语,其主要特征是词具有丰富的形态变化,词与词之间的关系主要借助词形的变化来表达。此外,屈折语的词根和词尾结合紧密,若脱离词尾这种词素,词根在句法中往往不能独立存在。由此可看出,西方语言中词形的变化以及词与词之间的关系主要取决于词在句法中与其他词的关系。换言之,西方形态学的诸多研究,大多是以词在句法中与其他词的关系为统摄,即对词形的考究,实际上就是对这些词形在诸种句法关系中诸种表现的抽象、归纳和总结。著名语言学家T. Givón曾说过:"今天的词法曾是昨天的句法。"此话学理深刻,蕴含着复杂的词法背景,在此至少可以从一个侧面说明词法与句法两者之间的紧密关联。我们在检视形态学时,务必把握这一关键。同时,我们也需了解,形态学之所以在西方受重视并得以产生和发展,这自然有其语言本身的特征所提供的土壤。

本书共设 80 个问题，以期较为全面地窥探形态学的全貌。需要交代的是，本书以英语例子为主，兼谈汉语，只是在个别之处需要表述语言类型的差异或涉及有些概念的阐述时，才涉及其他语言。在引述国外学者的观点时，他们的姓名均用英语原名，以便读者查阅其相关研究成果。本书的撰写过程十分注重对形态学这一学科历史脉络的梳理，又看重对学术前沿知识以及最新研究成果的引入。在论析形态学核心概念的同时，力图对其基本概念也有清晰的界定，并辅之以实例说明。本书还借用了认知语言学、语料库语言学、英汉语言对比等视角，对诸如类词缀、析取词、名名复合词、新古典复合词、回溯词等进行了较为详细的介述，同时也关注到了形态学的学科交叉性，对形态音位学、形态语义学、形态句法学、形态语用学、心态结构与心理、形态的习得、形态学中的定性和定量分析等，也作了简要介绍。全书力求深入浅出，并兼顾广度和深度，既有普及性的知识综述，又有理论上的新探索。还需交代的是，书中的有些内容已发表于不同的学术刊物或在其他专著中已有涉及，撮收于此，便于本书内容上的完整。

　　在成书过程中，上海外国语大学许余龙教授寄予了殷深的关切，并对本书的总体架构提出了宝贵建议；浙江大学博士研究生、浙江财经学院邵斌副教授初写了本书部分内容，并仔细校阅了书稿；宁波大学硕士研究生严洁同学校订了本书的书稿、参考文献以及术语汇览。对于他们无私的辅佐，我在此深表谢忱。

　　因学术视域鄙狭，书中舛误在所难免，敬希学界教正。

王文斌
2012 年秋写于宁波大学

外教社外语学术普及系列
什么是形态学

(一) 形态学的性质、目标、演变、范围和研究方法

1. 何谓形态学?

形态学,其英语术语是"morphology",源自古希腊语,从构词上可分解为两个成分:一是"morph-",意即"shape"或"form",其汉语意思是"形状"或"形态";二是"-ology",意即"the scientific study of a particular subject",其汉语意思是"对某一特定学科进行科学研究"。由此可见,英语的"morphology"一词就是指"the scientific study of shapes or forms",意即"对形状或形态进行科学研究",也就是形态学。在汉语中,"形"就是"形状"之意,其实,"态"的意思也是"形状",由此不难看出,汉语"形态"一词是一个并列式合成词,"形"就是"态","态"就是"形"。显而易见,"形态学"这一汉语术语,就是指研究形态的学科。诚然,在此所谓的形态,无疑是指语言中词的形态,所以语言学中的"形态学"也可称为"词形学",但本书出于惯用角度考虑,依然称其为"形态学"。

"morphology"这一术语,最早见于生物学,指研究动植物的形态和结构。可能鲜为人知的是,19世纪初期创构这一术语的人不是某一位生物学家,却是集诗人、小说家、剧作家和哲学家于一身的德国大文豪歌德(J. W. von Goethe, 1749—1832)。该术语后又见用于地质学研究,指考察地形的轮廓及其演变。1859年,德国语言学家A.

Schleicher①率先将这一术语引入语言学,主要探究词及其内在结构以及词形成的方式(Aronoff & Fudeman, 2005:1—2;11)。简言之,语言学中的所谓形态学,就是指研究词及其内部结构的学问(Haspelmath, 2002:1),如属于马雅民族印第安人的楚图希尔人(Tzutujil),曾繁衍生息于危地马拉中西部高地,其语言中的词就富含内部结构(Haspelmath, 2002:12):

ninwari	'I sleep'	*xinwari*	'I slept'
nixwari	'you(PL) sleep'	*xinwari*	'you(PL) slept'
natwari	'you(SG) sleep'	*xwari*	'he or she slept'

不难看出,在这些词中,"in"表示"I","ix"表示第二人称复数"you","at"表示第二人称单数"you","x"表示第三人称单数"he"或"she",并表示一般过去时;"wari"表示动词"sleep","x"表示一般过去时,"n"表示一般现在时。显然,楚图希尔语中的词包含着丰富的语义信息和句法信息,既是语义载体,又是句法载体。同时也证明,研究词的内部结构实属必要。

其实,如果说形态学就是指对词及其内部结构进行研究,那么这一界定似乎有些草率,因为词的内部结构至少包含两个方面:一是词由音序(sequence of sounds)组成,即词的内部具有音系结构(phonological structure),如"pens"是由四个音系音段(phonological segment)组成:

---

① A. Schleicher(1821—1868),德国语言学家,19世纪中期历史比较语言学的集大成者,他构拟(reconstruct)了古印欧语,对历史比较语言学曾作出重大贡献。在其最为重要的著作《印度日耳曼诸语言比较语法纲要》中,每章先写出他所构拟的原始印欧语形式,再写实有的梵语、古希腊语、拉丁语、日耳曼语等形式,然后加以比较。这种比较法为后来的新语法学派(Neogrammarians)开辟了道路。他最早倡用自然科学方法来研究语言,并把语言的发展比之于植物的生长,从而提出了语言的"谱系树"模式。与此同时,Schleicher还把语言分为三种类型:孤立语、黏着语和屈折语,而且认为语言的这三种类型是"语言进化的三阶段"。他的其他主要著作有:《立陶宛语手册》《教堂斯拉夫语的形态学》《德语》《论语言的形态学》《达尔文学说和语言学》《论语言对于人类自然历史的意义》《名词和动词》等。

[p]、[e]、[n]和[s]，有别于"tens"、"dens"、"pets"、"peps"等；二是词形变异(variation)常常与其语义变化具有系统的相应性，如"pens"、"tens"、"dens"、"kens"等，不单共有同一个音系音段[s]，而且具有同样的语义成分，即均指名词的复数。然而，在"lapse"这一词中，因不具备内部结构，即不具备形态结构，所以其音系音段[s]则毫无意义。因此，我们在此将类乎于"pens"这样的词称为复杂词(complex word)，即"pens"在语义上由"pen"和"-s"构成，具有内部的复杂性，而将类似于"lapse"的词称为简单词(simple word)，因为其内部结构单一，不具备复杂性。由此可见，我们所说的词的形态结构(morphological structure)的存在，就是指某一群词，在词形和语义上具有部分的类同性。在此，我们似乎可以修正先前对形态学的界定：所谓形态学，就是探究词及其内部结构，即词形的内部变化现象及其规则，尤其关注词在词形和语义两方面的系统共性变异(covariation)。值得强调的是，词形与语义两方面的共性变异往往系统地体现于各词群(group of words)中。若只有少数几个词在词形与语义上具有部分的类同性，那可能仅仅是巧合。譬如说，"play"与"lay"尽管从表象上看具有类同性，可我们不能因此就断定两者在词形与语义上都具有相关性。唯有某一词群在词形与语义上都具有部分的类同性，我们才可认定这些词具有共性变异，如在"playing、reading、building、helping"这一词群中，其词尾均有"-ing"，具有部分的类同性，明显具有系统性的表现，构成英语动词的现在分词形式，表示"动作过程"。这一词群中的词尾"-ing"就是我们在上文所说的一种形态结构，而这种形态结构与形态学中的"词素"(morpheme)概念紧密相关。关于"词素"概念，请参见本书"问题14"的介述。

2. 形态学研究的目标是什么？

若我们界定形态学就是考察词及其内部的形态结构，其聚焦点是词群在词形和语义两方面的系统共性变异，那么形态学研究的目标也就能基本确定。首先，我们需要研究语言中的词及其内部的形态结构，即考察词的结构及其构成方式；再者，我们尤其需要研究语言中诸词群的词形与语义两方面的系统性共性变异,探究词群在词形与语义两方面的相关性和类同性,由此考察词的结构以及形与义的紧密关联性,从而追寻词的构词规则。语言中的词是音、形、义的结合体,因此,我们在研究形态学时,还需要关注词及其构成成分的音系与其形和义之间的关系。简言之,形态学研究的目标就是需要描写并解释人类语言中词的形态结构。

从微观上讲,根据 Booij(2005)(引自叶起昌,2007:F3)的看法,形态学的研究目标涉及四方面内容:一是构词(派生法、复合法等);二是屈折形式(屈折变化、屈折变化系统等);三是界面(形态学与音位学的界面、形态学与句法学的界面、形态学与语义学的界面、形态学与语用学的界面等);四是形态学与心理(形态学与心理语言学的界面、形态学与语言变异的关系等)。从中观角度看,形态学研究的目标可以包括以下五个方面(叶起昌,2007:F3—F4):一是建立评判词性的准则;二是描述屈折变化形式的规律(词尾变化、动词的词形变化以及比较等);三是研究诸如时态、语气等语法范畴及其相关性;四是探究构词的基本成分以及这些成分相结合的原则,包括新构词法的语义功能;五是在比较语言学方面,确立诸种准则,用以确定亲缘关系与非亲缘关系语言之间的分类(即语言谱系学)。从宏观角度看,形态学研究的目标关涉到四个方面的内容(Booij,2005:23—24):一是为了尽可能精确并有深度地描述和分析世界上的诸种语言,形态学家必须探索语言的形态,并需要一套为描述语言中的词所必需的工具,即需要一套分析概念,用来描述语言中词的构成规则;二是形态学家为了分辨语言的诸种类型,需要了解语言之间的区别到底表现于哪些方面,而且这些差异的诸方面有哪些联系,并受制约于哪些因素?是否所有的语言都具有形态?对语言之间的形态共性与个性能否作出令人信服的解释?三是形态学需要究考语言系统的本质,能够使人们增强对人类自然语言的了解,更好地把握语言的组合关系和聚合关系;四是形态学需要向人们解释语言诸种规则在语言感知和产出过程中的作用方式,以及语言知识的心理表征方式。因此,它有助于人类对自身认知能力的探索。

总体而言,形态学研究的目标就是探讨词的内部结构,考察词位的诸种表现形式以及词位的构成方式。形态规则主要有两个作用:一是具体说明某一语言词汇中所有复杂词的各种可预见的特性;二是说明构成新词的具体方式。其终极目标是对语言中的词汇作出适切的描述,对特定语言类型的发展作出预测,对关于语法问题的诸种争议拥有话语权,对语言能力的心理表征作出解释。

根据叶起昌(2007:F4)的观点,当代形态学研究的中心则围绕两个主题进行:其一是什么控制词的形式,该如何描述词素变体;其二是什么控制形态单位的句法与语义功能,这些单位又是如何与句法和语义相联系。

3. 形态学研究包括哪些方面?

形态学以探究词及其内部形态结构为旨归,其研究对象主要涉及两个方面:一是研究词的屈折变化,即屈折形态学;二是研究词的构成,即词汇形态学或派生形态学。形态学研究看似内容不多,实则包罗万象。我们从 Brown(2006)主编的皇皇巨著《语言与语言学百科全书》(*Encyclopedia of Language and Linguistics*)第二版中可以发现,"形态学"底下包含60多个词条。我们根据其分类,稍作修改,可以把形态学研究大体归纳为以下四大方面。

一是形态学本体研究,即词的屈折变化和构词的研究。主要涉及形态学一些基本概念的厘清,比如词、词位、词形、词素、形素和词素变体等概念及其之间的关系;自由词素和黏附词素的区分;词根、词基、词干和词缀的关系;屈折和派生的区分,以及各种构词法等。这其中有很多争议问题尚待解决。比如不少形态学家都认为英语中有"黏附词根"(bound root),而王文斌(2005:76—77)认为,只有"自由词根"和"非自由词根"之别,而无"黏附词根"的存在。又比如,学术界还存在关于英语是否有中缀的争议。

二是形态学研究模式,即运用各种语言学理论对形态学开展研究,从而形成"X morphology"的各种形态学分支,如自然形态学(natural morphology)、分布形态学(distributed morphology)、无定型形态学(A-morphous morphology)等。

三是形态学与语言其他层面的交叉研究。如形态和音系之间的过渡地带所形成的形态音位学(morphophonology),形态和句法界面的研究构成了形态句法学(morphosyntax),形态学与语义学的界面构成了形态语义学(morphosemantics),形态学和语用学的交叉形成了形态语用学(morphopragmatics),等等。

四是形态学的类型学研究。古典语言类型学中的语言类型主要有四种:屈折语、黏着语、孤立语和混合语。这四种语言类型是从形态学的角度所做出的划分,因此从类型学的角度来研究形态学意义重大。Brown(2006)所着重分析的语言有以下几种:作为内部屈折语言(introflecting language)的阿拉伯语,作为孤立语的汉语,作为黏着语的芬兰语,作为混合语的意大利语等。

综上所述,形态学研究注重本体研究、新的理论视角的交叉研究以及形态类型学的研究。形态学理论和方法的更新,以及各种语言在形态方面存在的普遍性和差异性是今后形态学研究的焦点。

4. 形态学有过哪些历史演进辙迹?

形态学在语言学研究中是既古老又年轻的一个学科分支。说其古老,是因为就我们目前所知,人类历史上最早的语言学家,其考察的主要对象就是词的形态结构。这就是说,最初的语言学家是形态学家(morphologist),他们的主要关注点是语言中词的形态结构(Haspelmath,2002:1)。从今天可以稽考的最早语法著述来看,早在公元前1600年的古巴比伦时期,就存在形态学研究的记录,其主要内容是苏美尔语(Sumerian)①中词内部的形态结构。当时苏美尔语作为

---

① 苏美尔语是生活于古代幼发拉底河下游一个名为苏美尔(Sumer)地区的民族所使用的语言。

口语交际工具的地位被属于闪语族(Semitic)①的古阿卡德语(Akkadian)所取代。为保留苏美尔语的文学传统,古巴比伦人以楔形文字(cuneiform)的形式将这一传统记录于语法著述,并刻在泥书板上。这些著述将动词、副词和代词用词形变化表的方式加以罗列,如:

badu	'he goes away'	*ingěn*	'he went'
baduum	'I go away'	*ingěnen*	'I went'
bašidu	'he goes away to him'	*inšigěn*	'he went to him'
bašiduum	'I go away to him'	*inšigěnen*	'I went to him'

(引自 Haspelmath,2002:1)

公元前5世纪的古印度语言学家 Pānini 其实也是一位形态学家,以著述梵文语法(Sanskrit grammar)著称于世,他为梵文的形态系统共归纳出了3 939条规则。在古希腊和古罗马的语法探索中,我们也同样可以寻觅到形态学研究的明显踪迹。古希腊时期,伟大的哲学家 Protagoras(前480—前410)、Plato(前427—前347)和 Aristotle(前384—前322)已区分动词与名词,并开始关注词的"性"(gender)范畴(Robins,1979:25—27)。古希腊的斯多噶学派(Stoics)不仅区分了词的形式与语义,而且还区分了语言中的"能指"(the signifier)和"所指"(the signified)(Robins,1979:16),并对普通名词与专有名词的差异提出质疑。他们还划分了六种词类:名词、动词、连词、代词、介词和冠词。古希腊语法学家 D. Thrax(前170—前90)著写了至今令人叹服的《希腊语语法》(*Greek Grammar*),共区分出八种词类:名词、动词、分词(participle)、冠词、代词、介词、副词和连词(Robins,1979:33—34)。古罗马时期的 Varro(前116—前27),集哲学家、散文家、文学批评家、农业学家、语法学家于一身,于公元前47—前45年间写下《论拉丁语》(*De Lingua Latina*)一书,共计25卷,卷1为引言,卷2—7论述事物名

---

① 闪语族属闪含语系(Semito-Hamitic family),包括古希伯来语、阿拉伯语、阿拉米语、腓尼基语、亚述语、埃塞俄比亚语等。

(一)形态学的性质、目标、演变、范围和研究方法

称的来源,即词源,卷 8—13 论述格位的变化,即形态学,卷 14—25 论述词语组合,即句法。简言之,Varro 的《论拉丁语》一书主要涉及三大方面内容:词源学、形态学和句法学。在论及词的形态时,他提出,应根据词是否反映"格"(case)和"时态"(tense)来划分词类,并首次区分出词根(root)、派生词(derivational)和屈折词(inflexional)(Robins,1979:47—53)。Robins(1979:25)曾不无见地地指出,以词为基点的语法主要关涉三个方面:一是确认词是一个可孤立的语言实体;二是确立一群词的词性,借此区分词在语言中的句法功能;三是明确词的语法范畴,借以描写和分析词的形态结构。从 Robins 的这一番话不难看出,古希腊和古罗马的语法研究与形态学有着不解之缘。

时至 19 世纪,西方语言学家常常认为,语法主要是由词的形态结构组成。这一看法也许缘起于希腊语和拉丁语具有丰富而复杂的形态结构,如词具有主格和宾格等格变化,具有单数和复数的数变化,具有现在时、过去完成时等时态变化。所有这些繁杂的词形变化给操欧洲现代语言者带来极大的不便,同时也引发了语言学家的理论关注。1816 年,德国语言学家 Bopp(1791—1867)撰写了《论梵语动词变化系统与希腊语、拉丁语、波斯语和日耳曼的比较》一书,证明这些语言共享一个祖先,即同属于印欧语系,是同根同宗,而 Bopp 的证据就是建基于对这些语言中词的词尾变化的比较(引自 Katamba,1993:3)。或许恰恰是这一缘故,"morphology"这一术语在 19 世纪中叶被德国语言学家 Schleicher 引入语言学研究,并得到广泛使用。在此之前,"morphology"这一术语之所以被认为没有必要,是因当时的"grammar"这一概念已基本包括了对词的结构描写。与"morphology"相比,"syntax"(句法学)和"phonology"(音位学)[①]这两个术语却早在几百年前就见用于语言研究,就这一意义而言,形态学又是语言学的一

[①] 根据 C. T. Onions(*The Oxford Dictionary of English Etymology*. Oxford: Clarendon Press,1966)的考证,"syntax"一词于 17 世纪进入语言学使用,"phonology"一词于 18 世纪进入语言学使用,前者主要探究语言中词如何组合成句子的规则,后者主要探究语言中语音单位的功能和模式。

个年轻分支(Haspelmath,2002:1—2)。

1859年,Schleicher最初将形态学引入语言学研究时,其主要探究对象是词的屈折变化(inflection)以及构词法(word formation),并引入了词干(stem)、词缀(affix)、中缀(infix)、元音交替(ablaut)、元音变化(umlaut)等概念。19世纪下半叶,新语法学派(Neogrammarians)为形态学的研究增添了两个新术语:屈折形式融合(syncretism)和异干替换词(suppletive)。前者指研究一个词的两个或多个不同屈折形式在形态和句法上的合并,如在"I walked"中的"walked"(过去时形式)与"I have walked"中的"walked"(过去分词形式)在此发生中和;后者指研究一个词形变化表中借用不同词根的形式来填补一个词形的变化形式,如英语"must"的过去时形式由属于不同词根的"had to"来填补,而"good"的比较级形式由属于不同词根的"better"来填补。其实,19世纪的语言学主要涉及两个研究对象:一是研究词类的形态学;二是研究词类在句子中的组织规律的句法学。当时的语言学家认为,这两个方面的研究能基本上揭示印欧诸语言的许多现象。当时的教学语法秉承这一观点,将形态学等同于形式研究,关注词形变化、词类研究及其分类准则等。简言之,在19世纪下半叶,形态学研究已处于比较语言学(comparative linguistics)研究的中心地位(Matthews,1974:3)。

到了20世纪,形态学研究命运坎坷,许多结构主义语言学家并不青睐对词的研究,究其原因有二:其一是语言学家对词无法给出一个具有可操作性的定义,因为在各种语言中,词的界限难以确定,由此不易提供一个无懈可击的单一准则;其二是形态学的部分研究内容已被纳入句法学的研究范围,如关于英语后缀"-ed"到底是形态学研究的对象还是句法学研究的对象,这在当时被多数语言学家认定是属于后者。然而,20世纪上半叶的结构主义语言学研究依然为形态学的研究作出了贡献,这一领域的语言学家将语言考察的重心从语法范畴转移到词素变体(allomorph)上,即探究同一个词素的不同词素形式,如英语规则名词的复数形式有/-s/、/-z/和/-iz/这三种词素变体。他们认为,所有词位(lexeme)和词素的声音与意义之间不仅有着直接的关系,而且相互蕴含,并且词素是不可再细分的语言单位。遗憾的是,他们在研究词素变体时却轻忽了对相应意义的探究。在这一时期,波兰著名语言学家 Courtenay(1845—1929)将词根、词缀和屈折形式一并归入词素这一范畴,提出词素是"以语音为外衣的最简单的心理语言成分"(Beard,1994:2574)。在其之后,Saussure 虽未曾沿用 Courtenay 的词素这一概念,但以类同的思路来追索语言符号的声音与意义两者之间的关系。著名的美籍俄裔语言学家 Jakobson(1896—1982)则另辟蹊径,提出形态学应将语义因素纳入研究框架。在他看来,若主格与宾格结尾相同,那么就必然拥有相同的语义。属于布拉格学派的俄国语言学家 Trubetzkoy(1890—1938)提出了"形态音位学"(morphophonology),设计特定的复杂符号来表征某一后缀所具有的所有变体。而美国语言学家 Bloomfield(1887—1949)则相反,他依然以 Courtenay 的假设为前提,提出所有的意义成分均为词素,所有的词素都是符号,因而所有的词素均进入了词汇行列(叶起昌,2007:F3)。

20 世纪 50 年代后期乃至下半叶,随着美国语言学家 Chomsky 于 1955 年完成博士论文《转换分析》(*Transformational Analysis*)以及于 1957 年出版《句法结构》(*Syntactic Structures*)一书,转换—生成语法体系逐步形成并渐渐风靡世界,在很大程度上冲垮了结构语言学在语言学界的霸主地位,因此被学界称为"Chomsky 革命"。然而,在转换—生成语法发展的早期阶段,形态学研究基本上附丽于句法学和音位学,走钢丝于两者之间,未能获得自身的独立地位。这一时期虽也有形态学方面的研究成果面世,但其主要探讨对象是屈折形态学。直到 20 世纪 70 年代美国语言学家 Halle(1973)的论文《构词法序言》的问世,以及随后相继出版的英国学者 Matthews(1974)的专著《形态学》、美国学者 Aronoff(1976)的专著《生成语法中的构词法》和 Siegel(1979)的专著《英语形态学诸题》、美国学者 Bybee(1985)的专著《形态学》、新西兰学者 Bauer(1988)的专著《语言形态学入门》、南非学者 Botha(1988)的专著《词法中的形与意:南非荷兰语的复合重叠词研究》等,给形态学研究吹来了一股劲风,使得形态学研究终于走出了本来就不应有的低谷,显示出勃勃的生机,也由此翻开了历史新的一页,语言学界重新意识到形态学研究在语言学领域应享有自己独立的地位。到了20世纪90年代,形态学研究更具朝气,许多学者颇具影响力的形态学研究成果相继问世,如英国学者Spencer(1991)撰写《形态学理论》、美国学者Miller(1991)撰写《词的科学》、新西兰学者Carstairs-McCarthy(1992)撰写《当代形态学》、英国学者Katamba(1993)撰写《形态学》、美国学者Aronoff(1994)撰写《独立的形态学》、英国学者Plag(1999)撰写《形态的能产性:英语派生的结构制约》等。这些专著在形态学研究的广度和深度上均有了长足的进步。当历史迈入21世纪以来,形态学研究更是热闹空前,许多学者取得了丰硕的研究成果,如新西兰学者Bauer(2001)撰写了《论形态的能产性》、英国学者Spencer与美国学者Zwicky(2001)合作编集了《形态学研究指南》、新西兰学者Carstairs-McCarthy(2002)又撰写了新著《英语形态学入门》、德国学者Haspelmath(2002)撰写了《认识形态学》、英国学者Plag(2003)撰写了《英语构词法》、英国学者Katamba(2004)编辑了《形态学》巨型论文集、荷兰学者Booij(2005)撰写了《词的语法:语言形态学入门》、美国学者Aronoff与Fudeman(2005)合作撰写了《何谓形态学》、英国学者Crystal(2006)撰写了《词、词、词》、英国学者Aitchison(2007)撰写了《词的编织者》。而且,在2010年元月,牛津大学出版社推出了新西兰学者Carstairs-McCarthy(2010)的新作《形态的演进》,同年年末,该出版社又出版了Booij(2010)的新作《结构形态学》,这似乎可以昭示21世纪的第二个十年又将迎来形态学研究一个新的丰收期。其实,形态学研究自20世纪80年代获得自身的独立地位以来,在进一步探索研究深度的同时,也不断走向与语言学内部诸分支学科之间的交叉与融合,如与句法学结合产生形态句法学,与语用学结合催生形态语用学,与语义学结合形成形态语义学,与音位学结合衍生形态音位学等。这些新的研究成果有美国学者Elson和Pickett(1988)合作的《形态学与句法学初探》、墨西哥学者Hall(1992)的《形态学与心理》、荷兰学者Kager(1999)与他人合作而编集的论文集《韵律学与形态学的界面研究》、美国学者Lieber（2004）的《形态学与词汇语义学》、英国学者Baerman与其他两位英国学者Brown和Corbett（2005）合作的《句法学与形态学的界面：屈折形式融合探究》以及美国学者Roark与Sproat（2007）合作的《形态学与句法学：诸种计算研究方法》等。所有这些研究成果表明，语言形态学研究在不断壮大自身的同时，已步入学科之间的相互渗透、交叉与融合的领域。

一门学科自诞生至成熟，必然会经过一个漫长的历史发展阶段。语言形态学的历史演变从公元前的1600年至今日的公元21世纪，已走过了整整3 600多年的发展历程。我们完全有理由相信，随着语言学研究的不断向前推进，语言学家们会越来越注意到词的形态研究具有不可漠视的重要性，因为词毕竟是语言的建筑材料，它很有可能成为21世纪语言学中的一门显学。

5. 何谓形态学的历时研究和共时研究？

现代语言学之父Saussure提出了共时语言学和历时语言学的区分。他认为，有关语言静态方面的一切都是共时的，有关演化的一切都是历时的。Saussure的著作《普通语言学教程》是把语言看成系统进行研究。他认为，共时语言学能够构成系统，因此理所当然地成为普通语言学的研究对象。然而，对共时语言学和历时语言学的区分绝不能作僵化和片面的理解。事实上，结构主义语言学过分注重描写和归纳，轻视解释，而解释则需要借助创造性的联想、推测、假设和演绎才有可能完成。解释可以是共时的，也可以是历时的。在语言研究中，这两种视角往往可以互为补充，相得益彰。形态学研究也是如此。

英语中的"daisy"一词，以共时的角度来看，是一个单词素词，无法进行内部分析。但若考察其词源，"daisy"在古英语中写作"dæges eage"，即"day's eye"（日之眼），因其花瓣在日出时开放日落时合拢而得名。因此，若从历时角度来看，"daisy"是由三个词素构成，即"day"、"'s"和"eye"。由此不难看出，从历时角度着眼，能很好地解释"daisy"一词的形成理据。类似的例子在汉语中也屡见不鲜。比如现代汉语共时研究中,一般认为"妻子"一词是附加式,"子"是词缀,无实义。但若从历时来看,我们便能发现,在古代汉语中,"妻子"是指"妻"和"子",属并列结构。杜甫《闻官军收复河南河北》一诗中的"却看妻子愁何在,漫卷诗书喜欲狂",此处的"妻子"就是指"妻与子"。因此,"妻子"一词的演变是由词组变为词的语法化过程。在该过程中,"子"的实义渐渐剥落,最终成为词缀。

其实,英语词缀的发展也是如此。从共时角度来看是词缀,但从历时角度来看,词缀通常由词演化而来。Carola(2009)以"-hood"、"-dom"和"-ship"三个词缀为例,探讨了它们在英语中的演变历史,如"-hood"在古英语里拼作"hād",是一个独立的词,意指"person"、"sex"、"condition"、"rank"、"state"或"quality"。从一个可以独立使用的词最终嬗变为一个后缀,这可以从古英语中"fæmnan hād"与"fæmnanhād"这两个形式的共存可以得到印证,意即"处女贞洁"(virginity)。"-hood"最终作为后缀保存下来之后,其语义仅保留了"condition"和"state"之意,如"brotherhood"和"neighbourhood"等。Carola(2009)由此提出了"历时形态学"(diachronic morphology)概念。Miller(2006)则探索了英语中的拉丁后缀,并追溯其印欧语中的雏形。由此可见,形态学也无法离开语言演变和历时语言学的研究。历时研究展示了我们的语言如何发展而来,而且能预测语言将如何进一步发展,因此是语言研究不可或缺的部分。

6. 形态学在语言学研究中处于何种地位?

人们在谈及语言学的分支时,往往仅想到三个层面:一是句法学,二是语义学,三是音位学。句法学主要是研究语言中句子的结构,尤其是词与其他单位在句子中的语法关系,即词如何组成短语和句子以及支配短语和句子的规则。语义学主要是研究语言中的意义,包括语言的语义系统、语义的聚合关系和组合关系以及语义的变化。音位学,又称音位学(phonemics),主要是研究语言的语音系统,包括对当代语言的语音系统的分析以及对历史语音变化的研究,如语音表征(phonetic representation)就是一个词说出来和听到的形式。

无论是在句法学、语义学抑或在音位学中,词均扮演着重要角色。在句法学中,词是研究的起点,从词出发可探究词组成短语和词组成句子的配列规则。在语义学中,词尽管不是唯一的研究对象,但它无疑是研究的重点,词本身的语义、词在与其他词的关系中所形成的意义、词的语义变化等均是语义学的重要考察点。在音位学研究中,需要探讨词的形态与词的音系两者之间在构词过程中的密切关联,因此词显然也是观察的目标。不难看出,不论在语言学研究中提不提形态学,词无疑都是一个绕不过的话题,所起的作用举足轻重。可以说,词是语言学各分支研究的交叉点,也是各分支的交通枢纽,各分支的研究均需要经过词这一中心走向各自的研究线路。而词恰恰就是形态学研究的核心,也是形态学研究的落脚点,是形态学赖以存在和发展的根本。由此可以认定,以词为研究对象的形态学在语言学研究中颇具重要性。况且,许多形态学家都认为形态学是语言学的一个分支,如 Matthews(1974:2)认为,语言学可以说至少包括四个主要分支:音位学、句法学、语义学和形态学。Katamba(1993:3)提出,在19世纪,形态学就已明显成为语言学的一个分支(subfield),并明确指出,语言学家描述并分析语言,主要涉及四个层面:第一是音系层面,主要探讨语音系统;第二是形态层面,主要探讨词的结构;第三是句法层面,主要探究句子结构;第四是语义层面,主要探究言语(utterances)的意义。Booij(2005:4)指出,形态学是语言学的一个分科(subdiscipline),主要探究人们对词的形与义之间具有系统特性关系的知识。Aronoff 和 Fudeman(2005:10)也指出,形态是语言或语法的独立成分。Spencer 和 Zwicky(2001:1)说得更透彻:"形态学是语言学的概念中心,这并非因为形态学是语言学的主导性分科,而是因为形态学是研究词的结构,而词则处于音位学、句法学和语义学的交叉关系之中。"从这些学者的观点中不难看出,称形态学是语言学的分支也罢,是分科也罢,或称其是独立成分也罢,形态学无疑是语言学的重要研究内容之一,至少可以与音位学、句法学和语义学平起平坐。

简言之，形态学是语言学研究的重要组成部分，其重要性应该与音位学、句法学和语义学难分仲伯。我们相信，只要语言中的句子和短语是由词组合而成，只要词具有其内部结构，也只要人类的发音是为了组成词、短语和句子，那么形态学在语言学研究中就有存在的必要，而且必然有其自身的研究和发展空间。

7. 形态学研究在历史上主要有哪些流派？

公元前约 1600 年之前，古巴比伦时期的学者就开始考察苏美尔语中词内部的形态结构。由此可见，语言形态学研究至今已经历了 3 600 多年的发展历程。尽管在历史的各个不同时期，形态学的发展并不平衡，经历过许多的曲折，可它始终是语言研究不可分割的一部分，而且在当下的语言学界，已引起越来越多学者的高度关注。

就其学术流派而言，语言形态学可以从历时角度加以厘清。在形态学的不同历史发展时期，由于学者的学术视点不同，逐渐形成不同的学术流派。需要指出的是，所谓学术流派，主要是指在学术研究上具有独特风格的派别。当然，在此的所谓独特风格显然是以学术视点为前提的。因此，我们在此谈语言形态学的学术流派，也主要是指不同历史时期学者们的不同学术视点。纵观形态学整个发展历程，大致可分为以下五个学术流派：词性功能学派、语言比较学派、结构主义学派、生成学派和学科交叉学派。

首先是词性功能学派。这一学派的领军人物尽管今天已难以稽索，可古巴比伦的学者无疑是这一学派的开先河者，同时也是语言形态研究的滥觞者。在公元前 1600 年的古巴比伦时期，这批学者注意到了苏美尔语中词内部的诸种形态结构，因而他们以楔形文字的形式将这些形态刻在泥书板上并加以罗列，如：

<u>物主代词</u>（possessive pronouns）

-(a)-n(i)　　　"his"（第三人称单数物主代词）

-me　　　　　"our"（第一人称复数物主代词）

（一）形态学的性质、目标、演变、范围和研究方法

-zu-ne-ne	"your"(第二人称复数物主代词)
-(a)-ne-ne	"their"(第三人称复数物主代词)

动词形态(verbal morphology)

i-n-dim-enden	"we create him"
mu-e?-dim-enden	"we created something"
i-b-dim-ene	"they create it"
i-n-dim-eš	"they created someone"

至公元前5世纪,古巴比伦学者的语言研究焦点为古印度语言学家Pānini所沿袭,他为梵文的形态系统归纳出了3 939条规则。即便到了古希腊和古罗马时期,学者们在探讨语言时,其主要着眼点仍是词的词性问题,如Protagoras、Plato和Aristotle等严格区分了动词和名词;斯多噶学派还划分出了六种词类:名词、动词、连词、代词、介词和冠词;古希腊语法学家Thrax在其著名的《希腊语语法》一书中,共区分出八种词类:名词、动词、分词、冠词、代词、介词、副词和连词(Robins,1979:33—34);古罗马时期的Varro于公元前47—前45年之间写下鸿篇巨著《论拉丁语》一书,共计25卷,提出应根据词是否反映"格"和"时态"来划分词类,并区分出词根、派生词和屈折词(Robins,1979:47—53)。毫无疑问,由古巴比伦学者开创的语言形态研究传统一直为古代的西方学者所承继,并且主要借用形态研究来考察词的词性功能。简言之,词性功能探索是古代时期形态学研究的主线。

第二是语言比较学派。这一学派的代表人物是19世纪的德国语言学家Bopp,其主要特点就是通过对各语言之间词的形态或结构的比较探究各语言之间的历史联系。这一学派也属于比较语言学(comparative linguistics),他们对不同语言在各个历史发展阶段的语音、语法和词汇系统进行历时比较分析,追寻语言之间的历史关联。这一学派的最早历史可以追溯到12世纪冰岛一位目前难以查考其具体名姓的语法学家(Robins,1979:165)。这位了不起的学者写了一本名为《首本语法专著》(*The First Grammatical Treatise*)的书,他也因此被后人誉为"首位语法学家"(First Grammarian)。尽管这名语法学家是从词的语音角度研究冰岛语与英语之间的关系,可其着眼点无疑是这两种语言的词形,并通过词形的比较探索两者之间的关联性。这种研究方法显然开启了语言形态比较研究之门。希腊语和拉丁语具有丰富而复杂的形态结构,如词具有主格和宾格等格变化,具有单数和复数的数变化,具有现在时、过去时等时态变化,语言学家对此早有认识。到了19世纪,基于对古希腊语和古拉丁语的认识,语言学家们普遍认为,语法研究的主要任务就是词的形态。1816年,德国语言学家Bopp发表了《论梵语动词变化系统与希腊语、拉丁语、波斯语和日耳曼的比较》一书,证明这些均享有同一个语言祖先,即同属于印欧语系,而Bopp的证据就是建基于对这些语言词尾变化的比较(Katamba,1993:3),即词的形态比较。与Bopp同时代并对形态学比较研究作出重要贡献的还有Schlegel、Rask、Grimm、Schleicher等人。他们在对各语言之间的历史联系进行考察时,不仅关注词的语音变化及规律,而且都聚焦于词的形态研究。1859年,德国语言学家Schleicher当初将形态学引入语言学研究时,其主要探究的对象是词的屈折变化以及构词法,并引入了词干、词缀、中缀等概念。因此,在19世纪,尤其是在19世纪下半叶,形态学研究已处于比较语言学研究的中心地位(Matthews,1974:3),当时的主流研究就是以词的形态比较研究为手段,探求各语言之间的共性。

第三是结构主义学派。这一学派以美国20世纪上半叶的结构主义语言学为主流,其代表人物是Hockett。Hockett(1954)区分了三种类型的形态模式:一是项和配列分析法(item-and-arrangement approach),也就是美国结构主义所追求的结合形态学(combinatory morphology),主要研究词素的分布;二是项与变化分析法(item-and-process approach),也就是变化形态学(process morphology),这是Chomsky在日后发展起来的生成语法的基础,其中的基本抽象形式转换成表层结构形式;三是词与词形变化分析法(word-and-paradigm approach),也就是词形变化形态学(paradigm morphology),把词而不是词素作为形态描写的基本成分。其实,"项和配列分析法"这一术语是由 Bloomfield（1933）率先提出,后由 Hockett（1954）等学者加以充实和改进,是美国结构主义的语法概念,是以 Harris（1954）为首的美国结构主义的分支,即分布主义（distributionalism）的语法概念。项与配列分析法将所有结构都看成是由两个或两个以上的成分排列而成,这里的成分有很多种类,包括词素、词、短语等各个层次上的语言单位。项与配列模式包括次选择模式（sub-selection model）和调整模式（adjustment model）两个变式。但是,这种分析方法受到生成语法的反对。其实,项和配列分析法与项和变化分析法相对。所谓项和变化分析法,也是对词形的一种分析方法,就是把一些形式看成是基本成分,而把另一些形式看作经过某个过程的派生形式,基本形式是派生形式的直接成分。也就是说,Hockett 把语言作为一个动态系统来描写,通过规则由深层表达推导出表层形式,即一个项是由另一个项通过一系列的变化派生而来。而所谓词与词形变化分析法,就是指一种把词作为语法描写的中心单位的语法分析方法,即把词的派生形式和词尾变化形式编入词形变化表,从而可以同时表示词的形态变化和词与词之间的句法关系。

第四是生成学派。这一学派的代表人物是英国学者 Spencer（1991）和新西兰学者 Carstairs-McCarthy（1992）。在 20 世纪 50 年代后期的生成语言学早期阶段,形态学研究并没有成为语言研究的重要组成部分,在多半情况下附丽于音位学或句法学,游移于两者之间。因此,Chomsky 在 1957 年发表的《句法结构》一书中,借用形态音位学规则（morphophonemic rules）来描写动词过去时态的形成。在生成语言学中,形态学研究的重要性首次得到确认的时间是 1970 年。在这一年,Chomsky 发表了《关于动词名物化的一些看法》（"Remarks on Nominalizations"）一文,明确了形态学在生成语法中的特定作用。Halle 于 1973 年在《构词法序言》（"Prolegomena to a Theory of Word Formation"）一文中,进一步清晰地提出了建基于词素的生成形态学模式,继而 Aronoff（1976）、Siegel（1979）等人跟进,又对生成形态学的模式作了一些改进。至此,语言学界才意识到,语言学领域的确需要理应属于形态学自身的研究天地。形态学研究从此走出了其"灰姑娘"的阴影,在语言学界变成了"幸福的公主"。1991年,英国学者 Spencer(1991)撰写了《形态学理论》(*Morphological Theory*)一书,详实地介绍了生成语言学领域犹如花蕾初放的形态学研究状况。此书首先概述了历史上形态学研究的诸种问题以及生成语言学派早期提出的诸种研究模式,然后阐述了形态学与音位学的界面,并详细阐析了词汇音位学(lexical phonology)及其相关模式,同时也对非连锁型形态学(nonconcatenative morphology)的诸种类别作了颇为详尽的考察和陈述。最后,Spencer 在书中深入探讨了包括屈折形态学在内的词的结构理论、形态学与句法学的界面、复合词等,同时也对当时形态学在语言学中地位的诸种不同观点作了深刻的检视。1992年,新西兰学者 Carstairs-McCarthy(1992)撰写了《当代形态学》(*Current Morphology*)一书,从语言学角度考问了当时关于形态学的诸种不同观点,并以较多的篇幅对以往二十多年中的诸种研究方法作了详细的介绍。他不仅聚焦于生成语言学的主流,探究 Chomsky 于 1970 年在《关于动词名物化的一些看法》一文中提出的词汇形态学以及在 20 世纪 80 年代提出的以句法学为出发点的形态学诸种研究方法,而且还深度剖析了语言学界尚未人知或并不为人所普遍接受的诸种研究方法,如屈折范式的结构,明显借助形态得到表达的诸种语义等。

第五是学科交叉学派。20 世纪末至 21 世纪的头十年,形态学研究已充分展现出新的活力,研究成果十分丰富,呈现出更加欣欣向荣的景象,由此也出现了一种新的研究趋势,即将形态学研究与其他学科结合在一起,从更广阔的视野追寻语言形态的生成和演绎。我们在此将这种新趋势称为学科交叉学派。需要说明的是,在此所说的形态学学科交叉研究,是指两种情况:一是指形态学在语言学外部与心理学、计算机等相结合的跨学科研究;二是指形态学在语言学内部与语义学、句法学、音位学等学科的交叉研究。20 世纪 90 年代,形态学界开始走向与语言学外部其他学科的交叉研究,如在 1992 年,形态学的跨学科研究就已初露端倪,在这一年,Hall(1992)出版了《形态学与心理》(*Morphology and Mind*)一书,以语言演变的认知原则和语言处理原则来探讨词的后缀偏爱以及具体的常规变化。2000年,Packard(2000)出版了《汉语形态:语言认知研究法》(*The Morphology of Chinese: A Linguistic and Cognitive Approach*)一书,以大量的篇幅探讨汉语词汇在心理词典(mental lexicon)中的储存方式以及在自然话语中的处理方式,并以实验心理学为理论视角提出各种心理模型。到了2007年,Roark和Sproat(2007)借用计算研究方法来探讨语言的形态和句法,出版专著《形态学与句法学的计算研究方法》(*Computational Approaches to Morphology and Syntax*),广泛地描述了语言形态运作的形式特征、大量的句法形式以及处理形态和句法的计算应用手段,并对这一领域的当下发展水平作了系统的评估。2010年,Carstairs-McCarthy(2010)撰写了《形态学的演化》(*The Evolution of Morphology*)一书,以认知科学和人类学为视角,并以理论语言学为框架,探究在人类的进化和语言起源的大语境中词的语法结构演化。尽管人们普遍认为,语言的结构通过自然选择以及非生物制约因素而发展成为交际的充分适应性,但Carstairs-McCarthy(2010)指出,语言在某些重要方面并未得到最优化,形态与音系的复杂情况常常导致对"一形一义"原则的背离。他进而提出,语言结构的不完善,主要缘起于两个方面:一是先民们千方百计避免同义形式的产生;二是发音器官和音系机制促进了新的同义形式的形成。

需要指出的是,以上所介绍的诸学派大多是在对语言形态的研究中自然形成的,很难说有其明确的研究目标以及系统的方法论,更未曾发展成为一个紧密型的学术团队或学术团体。我们在此只是从大处着眼,探寻其共相。

8. 什么是分布形态学?

分布形态学产生于20世纪90年代初,是由美国麻省理工学院Chomsky的同事Halle和Marantz(1993;1994)以及他们的学生等共同发展起来的。

该理论是对传统词语主义(lexicalism)的颠覆。词语主义认为,人类语言中有心理词典,对构词发挥作用,其性质与句法不同。然而,分布形态学从根本上否认传统意义上的心理词典的存在,认为句法和形态可以用相同方法来处理。国内对分布形态学的介绍详见王奇(2008),我们在此均引用此文,不再一一注明。

虽然分布形态学中有许多假设和方向,但其核心理论主要有以下三点:

(1) 词汇晚插入(late insertion)。句法推导所生成的句法结构,其终端节点带有抽象的句法语义特征,但不带音系特征。音系特征是在句法操作之后,在拼出(spell out)这一过程中通过词汇项目的插入而加上的。词汇插入使终端节点有了音系特征,但不增加其句法语义特征。与此相对,其他理论一般都认为语法有心理词典,其中与词项的特征合在一起构成词,词再构成句子。词项携带各种特征,终端节点没有独立于词项的特征,其特征就是词项的特征。

(2) 特征不详标(underspecification)。词项若要插入终端节点,其特征必须是该节点上的特征的子集(subset)。若该节点没有词项所具备的一些特征,则不能插入。词项不必匹配节点上的所有特征;其特征对其插入节点的特征而言,往往是不详标的。因此,经常是几个词项都有条件插入一个终端节点。在这种情况下,特征是该节点特征的子集,而且标得最详细的词项在竞争中取胜,得以插入。与此相对的是特征"详标"的理论,按照这一理论,词项带着该携带的所有特征,构成特征丰满的复杂的词。这样,词项插入不存在竞争,由此便自由插入,但受一系列条件的限制。

(3) 句法词法同构(syntactic hierarchical structure all the way down)。句法和形态里的元素所进入的成分结构是统一的,如均能用双分叉树形图表示。换言之,词的结构和句子结构没有本质区别,均源自一个运算系统。分布形态学的元素是离散的,即不是由形态音系过程生成的结果。与此相对的是把构词和构句分开处理的各种理论。在这些理论中,有些认为词的结构和句法结构不一样,有些则认为词是形态音系规则操作的结果。

9. 什么是无定型形态学?

无定型形态学是由美国约翰·霍普金斯大学的认知科学教授 Anderson 在其 1992 年出版的专著《无定型形态学》(*A-Morphous Morphology*)中提出。它是一种形态学理论,从"词与词形变化模式"(word-and-paradigm model)发展而来。它强调构成词的基本单位是词形,而不是词素,即把词而不是词素作为形态描写的基本成分。

按照传统的结构主义形态学的观点,形态分析的基本单位是词素。Bloomfield 曾把词素定义为最小的有意义的语言单位,是和其他形式没有语音和语义部分重叠的语言形式。一个词是由多个形式要素(即词素)构成的。词中的词素往往呈线性排列,词素之间不存在交叉关系。

然而,把词分析为词素的线性排列存在一些问题。比如中缀(infix)和环缀(circumfix)都会给词的内部带来不连续的形态单位,其中环缀在菲律宾语言和印度尼西亚语言中比较常见。比如菲律宾语中的环缀"ke … an"是一个名词性词缀,其黏附于词根的方式是环绕某一词根,借以形成一个名词,如词根"baddang"的根义是"help",若要表达一个派生性名词,那么词缀"ke … an"就对其进行环绕,形成一个能独立使用的名词"kebaddangan",意即"helpfulness"。这样一来,词素的线性排列结构就被打破。再者,传统的分析也无法解释"空词素"(empty morph)问题。空词素只是充当形态粘合剂(morphological glue),本身并无意义。如法语中的"pens-e-r-ai"(我会想)和"sent-i-r-ai"(我会觉得),其中的元音/e/和/i/对整个词的语义没有贡献,但又是整个词不可缺少的元素。类似的例子有我国杭州方言中的"儿"居词中的现象,如"筒儿面"、"枣儿糕"、"筒儿骨"、"豆儿鬼"、"芡儿粉"、"棒儿糖"等,词中的"儿"也类似于空词素,担当凑足音节的作用,并无实义,如"筒儿面"的语义是由"筒"、"面"组合而成,但是杭州话一般不直接说

"筒面"。

因此,有学者(如 Aronoff(1976)提出),形态学分析应以整个词为基础,而不是以词素为基础。Aronoff 认为,只有在词的层面上,形式和意义才建立起某种联系。词的形式和意义的内部都是可分的,但其意义范畴与形式两者之间并不是一对一的关系,而是多对多的关系。正是基于此,学者们提出了一种基于词的形态学(word-based morphology),有别于传统的基于词素的形态学(morpheme-based morphology)。无定型形态学就是基于词的形态学,在各种规则系统中把词映射到其他词上。在此我们以"discontentedness"一词为例,看其形成过程:

$$[_N \text{ content }] \xrightarrow{dis} [_N \text{ discontent }] \xrightarrow{ed} [_{Adj} \text{ discontented }] \xrightarrow{ness} [_N \text{ discontentedness }]$$

该派生过程的每一步都把输入的音位、语义和句法映射到其输出之中。

10. 什么是自然形态学?

自然形态学是一种形态学理论,用于解释形态现象的自然与否,倾力于将形态事实与普遍符号或认知原则联系起来。它是由语言学家 Mayerthaler、Dressler 和 Wurzel 在 1977 年提出来的(Dressler et al.,1987)。自然形态学认为,形态变化应合乎人的感知,如"sigh-sighed"与"sit-sat"相比,其词缀的显化程度不同,前者的词缀是显化的,后者是隐化的。前者在认知上较易理解,因此符合自然形态学规律。

自然性概念先是出现于音位学领域。布拉格学派的语言学家提出了"自然音位学"(natural phonology)。此后,属于"德国—奥地利"学派的形态学试图把自然性延伸至形态学领域。Wurzel 致力于屈折系统研究,他指出,音位学上的经济性增加反而会让形态变得不能产,也不经济(引自 Anderwald,2009:40)。换句话说,音位变化,也即改变语言形式使之适应发音和接受环境,对于形态学而言是破坏性的。

Wurzel 同时指出,在形态学领域,自然性也是压倒性的因素,语言变化总是朝着更自然的方向发展,但音位自然性与形态自然性是背道而驰的。音位自然性是受语音驱使,而形态自然性却受符号驱使,这就导致了音位自然性和形态自然性之间永恒的冲突。

Mayerthaler(1988)提出了普通形态自然性。普通形态自然性由象似性、同一性和显化性决定。一般说来,如果语义无标记的范畴没有形式标记,语义有标记的范畴有形式标记,这样的屈折系统就被认为具有较高自然性。Mayerthaler 据此提出了五个象似性阶度:一是添加标记意味着该形式具有最大象似性,如"boy-boys";二是转换和添加标记意味着该形式具有较次的象似性,如"keep-kept";三是只有转换,无添加,则意味着该形式具有最小象似性,如"foot-feet";四是无标记变化则意味着该形式无象似性,如"sheep-sheep";五是反标记变化意味着该形式与语义呈现出反向性,比如威尔士语中单数形式的鱼是"pysgodyn",而复数形式的鱼是"pysgod",语义有标记的复数形式反而比单数形式更简单,语义与形式呈现出不对称性。显然,沿着该阶度,形态的自然性呈逐渐减弱态势。

形态学的自然性也反映在形态习得中,初学英语者很容易把不规则动词的过去式和过去分词按照规则动词的形式来写,如把"know"的过去式写成"knowed",而不是"knew"。这其实是自然形态学驱使下的一种正常的认知反应,合乎语言的经济性原则。事实上,在一些皮钦语(pidgin)和英语变体中,"knowed"确实是作为"know"的过去式存在的。自然性也许是语言进化的一个趋势。

11. 语言的形态有哪些类型?

根据世界各种语言的形态,一般把语言划分为孤立语(isolating language)和综合语(synthetic language)两种类型,但这种划分的主要依据往往是词的构造,以及词与词之间的关系,而且其基本准则往往与词的内在结构和构成词素之间的关系有关。由此可见,世界语言的形态分类与形态学的研究密切相关。

目前学界较为普遍认同的语言类型主要有两种,即孤立语和综合语,其中综合语又可分为黏着语(agglutinating language)、屈折语(inflectional language)和混合语(polysynthetic language 或 incorporating language)这三种语言子类型。孤立语,又称分析语(analytic language),其特点是句子中词与词之间的关系往往借助独立的虚词和固定的词序来表达,而不是通过词的内部形态变化来表达语法意义,缺乏词形变化,其中词序很严格,不能随便更动。虚词的作用很重要,词与词之间的语法关系,除了词序,大多由虚词来表达。汉语是典型的孤立语,还有彝语、壮语、苗语、越南语等都是孤立语,而现代英语和保加利亚语的语法则正朝向分析语的方向发展。如:

"他去了。"(表示他已经去了)

"他去。"(强调他去的动作)

"He's in front of the classroom."(他在教室的前方。)(在教室外)

"He's in the front of the classroom."(他在教室的前端。)(在教室内)

综合语与孤立语相对,其语言特点是具有高度的词素词语比(morpheme-per-word ratio),德语、俄语等印欧语言多为综合语,其中的屈折语,其主要特点是具有丰富的词形变化,词与词之间的关系主要靠词形变化来表示,因而词序不及孤立语重要。此外,屈折语的词根和词尾结合紧密,若脱离词尾这种词素,词根一般就不能在句法中独立存在。拉丁语、德语、俄语、法语及荷兰语等是颇为典型的屈折语,而大多数的印欧语系语言在一定程度上也都可以算是屈折语。古英语也是一种屈折语,可现代英语虽依然保留部分屈折语的词形变化,但其词形变化在历史演变中已大大简化。屈折语词缀的特性可借用拉丁语"amo"(我爱)一词来说明。这个词中的后缀"-o"功能多样,表示直陈语气(indicative mood)、主动语态(active voice)、第一人称、单数、现在式等特征。若需要更改其中的任何一个特征,都必须把后缀"-o"替换成其他的后缀。

黏着语的主要特点是词的内部没有屈折变化,每一个屈折词缀(inflectional affix)只表示一种语法意义,而每种语法意义也总是由一个屈折词缀表示。因此,一个词若要表示三种语法意义,就需要有三个屈折词缀。此外,黏着语的词根和屈折词缀之间的结合并不紧密,两者都有相当大的独立性,屈折词缀看起来就像是黏附在词根上,土耳其语、日语、韩语、蒙古语都是比较典型的黏着语。如土耳其语动词词根"sev-"表示"爱",词素变体"-dir"表示第三人称,"-ler"表示复数,"-mi?"表示过去式,彼此组合在一起构成"sev -mi? -dir -ler",表示"他们过去相爱",而若"-mi?"被表示将来式的"-erek"所替代,那么"sev -erek -dir -ler"就是表示"他们将要相爱"。

混合语的主要特点是每个词均由多个词素构成,而与之相对的孤立语中的词则往往由一个词素组成。混合程度极高的语言一般都有非常长的词,这在混合程度较低的语言里,则通常需要整句话才能表达这些词的语义。许多美洲原住民的语言大多属于混合语,还有包括非洲的班图语(Bantu)、西伯利亚的阿萨巴斯卡语(Athabaskan)和因纽特语—阿留申语(Inuit-Aleut)、高加索地区的西北高加索语族(Caucasian languages)和东北高加索语族、欧洲的巴斯克语(Basque)和芬兰—乌戈尔语系(Finno-Ugric languages)。如以下的西格陵兰语(Kalaallisut),其词素与词的比例为12:1:

> *aliiku-sersu-i-llammas-sua-a-nerar-ta-ssa-galuar-paal-li*
> 娱乐—提供—半及物动词—他精于—系词—说—重复—将来式—肯定的,—但是—第三人称众数主语—第三人称单数宾语—但
>
> "不过,他们会说他是个伟大的娱乐圈人,但……"

值得一提的是,语言的形态分类并不代表语言之间具有绝对的结构差异。实际上,分类的准则是相对和连续的,充其量只是反映某一语言的主导性形态或具有某种形态偏向,并非囊括该语言中的全部语言现象。

12. 形态学有哪三种主要研究方法？

在西方长期的形态学研究中，已演化出三种主要研究方法：项与配列分析法、项与变化分析法和词与词形变化分析法。现对这三种主要研究方法作逐一简要介绍。

（1）项与配列分析法

项与配列分析法是用于分析词的一个描写模型。根据这一模型，语言中的词被视作由若干项（item）组合而成的线性配列（arrangement），如英语"independently"一词，共有四个项，即"in-"、"depend"、"-ent"和"-ly"，其中"depend"是词根，其他三者是派生词缀。这四个项组成线性配列"independently"。再如英语"painted"一词，是由"paint"和"-ed"这两个项组成线性配列，其中"paint"是词根，"-ed"是屈折词缀。然而，这一描写模型虽看起来简单，却碰到难题不少，如表示名词复数形式的英语单词"mice"，若按照这一分析方法，那么该怎样描写其项及其配列？可否将其描写为"mouse（单数）+复数"？需要指出的是，项与配列分析法的着眼点在于词素，即将词素看作配列之"项"，说到底，这就是以词素为基础的形态分析方法，所以，在此的"项"主要是指词素。正因为将词素看作配列的构成要素，所以在形态学研究中，也有人将这种分析方法称为结合形态学。

（2）项与变化分析法

项与变化分析法，尽管也是以词为分析对象，可其聚焦点却不是词素，而是词位（lexeme），所以在此的"项"实际上是指"词位"，而不是词素。这一方法主要是将词与词之间的关系视作一个变化过程，即认为一个词形的产生是使用诸种规则改变词形（word form）的结果。如屈折规则一旦作用于一个词，那么就会依据相关规则改变其词形，最终产生一个屈折性新词；若是派生规则作用于一个词，那么也会依循有关规则改变其词形，并最终形成一个派生性新词；若复合规则作用于两个或两个以上的词形，那么就会构建一个复合词。总之，项与变化方法是以词位为基础的形态分析方法（lexeme-based morphology），强调各种规则对词位的变化作用,所以,在形态学研究中,也有人将这种分析方法称为变化形态学(process morphology)。

(3) 词与词形变化分析法

这一分析方法是以词为基础的形态分析方法(word-based morphology),即将词视为基本分析单位,由一组变体组成一个词形变化表(paradigm)。项与配列方法是强调词的词素线性配列;项与变化方法是强调词形借助各种规则而生成的诸种变化结果。词与词形变化方法与这两种方法不同,是将词形变化表看作一个中心观念,即总结一个词的各种屈折变化,并归纳出一个词形变化表,如英语"work、working、worked、works"构成词位"work"的词形变化表。对此,学界有人将这种研究方法称为词形变化形态学(paradigm morphology)。

以上三种分析方法往往适用于不同的语言类型。一般而言,项与配列方法适宜于对黏着语的分析;项与变化方法和词与词形变化方法适合于对混合语的分析。

13.《形态学》是一本什么样的期刊?

《形态学》(*Morphology*)创刊于1988年,从2006年第16卷开始才使用该名,之前的刊名为《形态学年鉴》(*Yearbook of Morphology*)。该刊物由德国的Springer出版社出版,为国际形态学研究的权威期刊,一年两期。现今的主编为美国麻省理工学院的A. Albright教授、荷兰莱顿大学的G. Booij教授和德国锡根大学的I. Plag教授。

《形态学》的办刊宗旨有以下三条:一是阐发形态学理论和语言学理论;二是提供语言形态学方面未曾探索过的语言现象;三是深度分析某种语言或跨语言间的语言事实,借以从实证角度证明所涉及的理论。

《形态学》期刊主要包含以下内容:形态学本体研究;形态学与音位学、句法学、语义学的关系;形态的习得和语言处理的交叉研究;心理词典的本质;形态变体和变异等。其聚焦点是形态学知识的形式模型、形态类型学、形态在人类语言能力架构中的作用以及语言的演化和变异。除此此外,该期刊也探索形态学知识的习得及其在语言处理中的作用、计算形态学和神经语言学领域里的形态学等。

我们不妨以2011年第一期的文章为例,窥视该期刊的全貌。该期共发表了四篇文章,第一篇为《重叠中的词基依赖》("Base-dependence in reduplication");第二篇为《西弗里斯兰语中的历史性别变迁》("Historical gender change in West Frisian");第三篇为《语境屈折借用:来自北澳洲的语言事实》("Borrowing contextual inflection: evidence from northern Australia");第四篇为《汉语普通话派生词的结构形态学阐释》("A Construction Morphology account of derivation in Mandarin Chinese")。从以上四篇论文来看,第一篇为形态学本体研究;第二篇为形态学与社会语言学的界面研究;第三篇为形态学与语言接触的交叉研究;第四篇则是较新的语言学理论:结构形态学。在该期刊2007年第2期,我们还发现来自意大利的两位学者发表了《汉语的复合词词头:对新词的分析》("Compound headedness in Chinese: an analysis of neologisms")的文章,这些研究对汉语形态研究不无启发。

我们以该期刊2006—2011年间发表文章的标题做成一小型语料库,发现该语料库的关键词频率排列如下:morphology(17)、reduplication(10)、order(8)、case(8)、dialects(7)、agreement(6)、affix(6)、gender(6)、markedness(6)、compounds(5)、inflection(5)、typology(5),这可以从某个侧面反映该期刊的聚焦点。综上所述,我们可以看出,如今的形态学研究也重视多视角、跨语言的研究。

（二）形态学研究中的基本概念

14. 何谓词素？

　　词素是形态学研究的一个重要概念。若撇开语言单位在语言交际中能否单独运用这一问题，我们将发现，词不是语言中具有意义的最小单位，许多词——尤其是复杂词——可以进一步切分为各种成分，而这些成分就是词素。换言之，英语中的词是由词素构成，如"monotonous"（单调的），是由三个词素构成：mono（单）+ tone（调）+ ous（形容词性后缀）。我们探讨何谓词素，其实就是考察"词中有什么"这一问题，即"What is in a word?"那么，何谓词素？我们的界定是：词素是语言中最小的意义单位，是集音系和语义成分于一身并不可再切分的语言单位。国内学者对英语"morpheme"这一术语有两种译法：一是词素，二是语素。本书采用前一种译法。

　　一个词素可以是一个词，如"wall"、"light"等，这些词属于单词素词（monomorphemic word），也是自由词素（free morpheme），因为它们既是一个词素，又是一个词，可在句中能单独使用。一个词素也可以是一个词中具有意义的成分，如"looked"、"books"、"smaller"中的"-ed"、"-s"、"-er"是黏附词素（bound morpheme），因为它们在句中往往不能单独成词。

　　词素在构词中往往扮演重要角色，是构词要素。若一个词是由一个词素构成，这个词就是单词素词；若是由两个词素构成，这个词就是双词素词（dimorphemic word）；若是由两个以上的词素构成，这个词就是多词素词(polymorphemic word)。现来看看属于多词素词的"reconcentration"(再聚集)。该词由五个词素组成:"re-"、"con-"、"centr"、"-ate"和"-tion",其中"centr"是词基(base),意即"中心",而"re-"、"con-"、"-ate"和"-tion"则均为词缀,前两者是前缀,后两者是后缀。需要指出的是,不论是词基,抑或前缀或后缀,它们均为词素。由此可见,一个词素可以是一个单词素词,也可以是一个前缀、后缀或词基。另一点需指出的是,一个词素可能是形式一致却语法功能不一致,如在"friendly"和"rapidly"这两个词中,其后缀尽管均为"-ly",可前者是形容词性后缀,而后者却是副词性后缀。

一个词素可以由多个字母组成,如"poly-"(多)和"tri-"(三)等,也可以由一个字母组成,如"a"(一)和"-s"(表示名词复数或表示主语是第三人称单数的现在时)等。词与词素的最大区别,就是词始终是可以在句法中独立自由运用的具有意义的最小语言单位,而词素则常常是不能单独自由运用却具有意义的最小语言单位,是词的构词成分。如"roads"中的"road"(路)是一个单词素词,在句法中能单独使用,可其中表示名词复数的词素"-s",却在句法中不能单独运用,只能作为构词成分。

综括以上的讨论,我们可以扼要地表达为三点:第一点是一个词素可以表达语义信息,也可以表达句法信息。如"broader"(更宽的)中的"broad"是一个词素,是一个能单独使用的词素,因而是一个单词素词,表示"宽的"语义信息,其中的"-er"也是一个词素,表示"形容词比较级"句法信息,具有"更"之意;第二点是除能独立成词的词素(即单词素词)之外,其他的词素在句法上一般不能单独使用,只能与其他的词素或词组合,才能在句法中独立运用。从第二点可以引发出第三点:词素可分为三类。一是自由词素,二是黏附词素,三是非自由词根。所谓自由词素,就是指在句法中可以单独使用的成分。简言之,自由词素就是词,即单词素词。说这种单词素词是词素,是因为它也可以作为词素与其他词素结合在一起,构就新词,如"preplan"(事先部署)一词中的"plan",本身就是一个能单独使用的词,但在"preplan"一词中是作为一个词素与另一个词素"pre-"组合,构成一个双词素词。那么,何谓"黏附词素"？黏附词素是指不能单独使用但具有意义的语言成分,只能附丽于别的词素或词,构就一个词。被黏附的词素可以是自由词素,也可以是非自由词根,如在"preplan"一词中,"pre-"就是一个黏附词素,它黏附于自由词素"plan",但是,在"predict"一词中,"pre-"是黏附于一个非自由词根"dict",表示"言"之意。此处的"dict"之所以被称为"非自由词根",是因为它虽是一个词素,但在句法中不能单独成词,然而在与黏附词素组合成词时却又是表达这一词的中心词义,在"predict"一词中,其中心词义就是"dict"。由此可见,说词素是一个具有意义但不能单独使用的最小语言单位,这主要是指黏附词素和非自由词根(关于自由词根与非自由词根的区别,请见本书"问题26"和"问题27"),而不是指自由词素,因为自由词素实际上就是词,同时也是一个自由词根,在句法中能独立运用。

词素是一个抽象单位。这就是说,词素这一概念是从理论上得到界定的,其表征手段是以音系为特征的形素(morph)。形素这一术语由 Courtenay 于 1895 年(参见 Anderson，1985)首次提出并使用,是指在对词素进行分析时所分解出来的最小音序列,如 [ʌnˈhelpful](unhelpful)可以分解为体现否定词素的前缀[ʌn],体现词干词素的[help]以及体现形容词词素的后缀[ful]。我们说词素是一个抽象单位,就是因为在具体的词的语境中,一个词素可以由若干不同的词素变体(allomorph)或词素交替形式(morphemic alternants/variants)体现出来,如英语的复数词素{s}在"books"、"radios"和"houses"中的词素变体分别为[s]、[z]和[iz]。这些词素变体往往意义相同而分布不同,可均属于同一个词素的变体。

还有形同而义不同的词素,如"greater"、"singer"和"eraser"等词中的词素"-er",尽管表现出同一种词素形式,可在这三个词中却含有不同的语义。"greater"中的"-er"表示形容词比较级;"singer"中的"-er"表示"sing"这一行为的执行者;"eraser"中的"-er"表示能够实施"erase"这一行为的物体或器具。

其实,我们还可以从另一个角度来探讨词素,即词素包括黏附词素、自由词素和词根。关于黏附词素和自由词素问题,我们在前文已有论述。在此需要指出的是,黏附词素往往就是词缀,包括前缀(prefix)、中缀(infix)和后缀(suffix),它们在句法中一般不能单独成句,往往只能与自由词素或词根结合,构建各种特定的词。英语中一般不存在中缀(王文斌,2001:114—123),但存在大量的前缀和后缀。关于词根这一概念,应包括自由词根(free root)和非自由词根(non-free root)(王文斌,2001:11—12)。所谓自由词根,就是能在句法中独立运用的最原始、最单纯和最基本的词素,即自由词素。关于这一点,自由词根这一概念与自由词素这一概念两者是重叠的,而非自由词根是指在句法中不能单独使用的最原始、最单纯和最基本的词素,它们只能与自由词根、其他非自由词根或黏附词素组合才能构词。

自由词素、词根、黏附词素之间的彼此结合能衍生出无数的屈折词和派生词。概括说来,词内的成分就是指词素,因为除单词素词之外,多词素词(即复杂词)都是由不同的词素组合而成,而英语的词素主要有自由词根(即自由词素)、非自由词根、黏附词素(包括前缀和后缀)这三个类型。

15. 何谓形素和词素变体?

所谓形素,是指分析词素时可以分解出来的音序列(sound sequence),如[mɪsˈtriːtmənt](mistreatment)可以分解为表示"不当"之意的前缀词素[mis]、表示"对待"之意的词根词素[triːt]和表示名词性后缀的词素[mənt]。词素是一种抽象形式,在言语中表现为一些离散单位,即形素。词素往往实现为一个形素,如表示否定之意的前缀[ʌn]就是[ʌn](un-)、表示动词进行时态或动名词形式的动词后缀词素[ɪŋ](-ing)以及表示名词性后缀的词素[mənt](-ment)等。但是,有些词素在特定的词或句子中的位置可实现为不同的形素。这种交替使用的形素称作词素变体(allomorph),或称词素交替形式(morphemic alternants/variants)。

何谓词素变体？词素变体就是指同一个词素在实际使用时的各种不同表现形式，如英语的名词复数词素有三种词素变体，在不同的语境中可交替使用，如"desks"中的[s]、"trees"中的[z]以及"forces"中的[ɪz]，而[s]、[z]和[ɪz]均为形素，是名词复数词素的三种不同变体，即词素变体。当然，在英语中，表示名词复数意义的词素也可以有另一种形式，即零形素（zero morph）[∅]，如名词"sheep"的复数形式依然是"sheep"，"fish"的复数形式依然是"fish"。其实，英语表示名词复数形式的还有另一种形素，即[-ən]，如"ox"的复数形式是"oxen"，"child"的复数形式是"children"。再如英语中表示动词过去时态或过去分词的词素也有三种词素变体，在不同的语境下会交替出现，如在"picked"中的[t]，在"conceived"中的[d]以及在"extended"中的[ɪd]，而[t]、[d]和[ɪd]均为形素，是动词过去时态或过去分词词素的三种词素变体。又如在"conceivable"中的"-able"和在"edible"中的"-ible"，也是属于同一个词素的两种词素变体，表现为两种具体的形素。由此可见，若两个或两个以上的形素，其意义相同而分布不同，那么它们就是同一词素的词素变体。

词素变体往往缘起于词的结尾语音，即受到词结尾的语音的影响。这种变化常常称作"音系条件制约的变化"。若从这些因素来研究线性序列中的词素配列，就是词素配列学（morphotactics）。

词素变体有自由变体和条件变体之分。在同样位置上可以彼此替换的同一词素的不同形式，称作自由变体，在实际使用中除有语体上的差异之外，一般不受任何条件的制约，如英语否定词"not"的两个词素变体分别为[nɔt]（not）和[nt]（n't）。若使用时必须受制于某种条件的词素形式，则称作条件变体，如英语不定冠词"a"，就存在两个词素变体，分别为[ə]（a）和[ən]（an），前者使用于以辅音开头的名词的前面，而后者则使用于以元音开头的名词的前面。

16. 何谓词缀？

词缀是黏附词素，"缀"一词本身就意味着具有黏附性。英语中表示词缀的"affix",其意就是"fasten to",即"黏附于"之意。正因为词缀具有黏附性,所以凡是词缀,都不太可能成为自由词素,即在绝大多数情况下不可能成为在句法中能独立自由运用的语言单位,它们只能作为黏附词素而存在。

词缀是一个集体概念,可分为前缀、中缀和后缀,这是根据词缀附加于词基的前后位置划分的,如"re-"在英语词"reopen"中是前缀,"-m-"在拉丁词"rumpo"(I break)中是中缀,"-ship"在英语词"leadership"中是后缀。英语词缀在多半情况下只有前缀和后缀,而没有中缀(王文斌,2001:114—123)。需要指出的是,尽管英语基本不存在中缀,可中缀在其他许多语言中普遍存在,如在尤拉克语(Yurok)中,"sepolah"表示"field",若嵌入中缀"-ge-",变成"segepolah",则表示复数"fields";"kemol"表示"He steals",若嵌入中缀"-ge-",变成"kegemol",则表示"He is a thief"。最具中缀典型和系统化特征的语言是阿拉伯语。在这一语言中,词汇的词根被称为是"三辅音词根"(triliteral roots)。在三个辅音中若附加或嵌入不同的元音或辅音,便构成不同的词语,表示不同的词义和语法关系。换言之,词义的变化和语法关系的变化产生于词根内部的变化,这就是语言学上被称作闪米特语(Semitic)的词根内部变化系统(Binyanism),如在表示"写"之意的动词词根"k-t-b"中,其内部变换元音和辅音,则会产生不同的词义和语法关系。

词根的内部变化	词义及语法关系
(1) kataba	'he wrote'
(2) kattaba	'he caused to write'
(3) kaataba	'he corresponded'
(4) takaatabuu	'they kept up a correspondence'
(5) ktataba	'he wrote'
(6) kitaabun	'book'(主格)
(7) kuttaabun	'Koran school'(主格)

(8) kitaabatun　　'act of writing'(主格)
(9) maktabun　　'office'(主格)
(10) makaatibu　　'offices'(主格)
(11) kutiba　　'it was written'(过去时被动语态)
(12) nkatab　　'to subscribe'(不定式)
(13) katab　　'he has written'(现在完成时主动语态)
(14) kutib　　'it has been written'(现在完成时被动语态)
(15) aktub　　'he has not written'(非现在完成时主动语态)
(16) uktab　　'it has not been written'(非现在完成时被动语态)

英语的词缀在构词中具有极大的能产性,已参与构建出许许多多的单词,在将来还会参与构建出难以尽数的新词。只要语言表达需要,词缀就会参与新词的构就。我们可以说,英语词缀是构造新词的生力军,是构词用之不尽的部件。尽管从语义上讲,词缀并不是词义的主要载体,可一旦离开词缀,英语的新词构造能力就会大大削弱。由此可见,英语词缀的构词作用,其重要性不容轻忽。需要指出的是,随着语言的发展,英语在语言交际过程中已衍生出许多类词缀(quasi-affix),如在"streetscape"、"cityscape"、"lakescape"、"snowscape"中的"-scape"等。关于这一点,将在本书"问题18"中详述。

17. 英语词缀有哪些种类?

英语词缀主要有两种:一是前缀,二是后缀。它们都是黏附词素,一般不能单独使用。英语是一门吸收能力很强的语言,在其长期的演进历程中吸纳了许许多多的外来词。其实,英语的词缀也不例外,同样吸入了许多外来成分。如:

英语本族语词缀: 前缀包括"be-、out-、for-、mis-"等;后缀包括"-ed、-less、-ful、-er"等。

希腊语词缀：前缀包括"amphi-、anti-、arch-、neo-"等；后缀包括"-ia、-icist、-ism、-ize"等。

拉丁语词缀：前缀包括"in-①、centi-、con-、-de-、en-②"等；后缀包括"-ant、-ate、-ible、-ive"等。

罗曼语（包括法语、意大利语、西班牙语等）词缀：前缀包括"counter-、de-、non-、dis-"等；后缀包括"-ment、-ous、-eer、-ette、-esque"等。

如上所言，英语词缀有前缀与后缀之分。先来看看前缀。所谓前缀，就是指附加于词基前面的词素，是一个具有意义但一般不能单独使用的语言单位。它能增加、改变或加强一个词基的意义，如：

增加意义：pseudo-（假，伪）：pseudonym（假名）
　　　　　　　　　　　　　　pseudosalt（假盐）
　　　　　auto-（自动的）　　autoalarm（自动报警器）
　　　　　　　　　　　　　　autofocus（自动聚焦）
改变意义：mis-（错）　　　　miscalculate（算错）
　　　　　　　　　　　　　　miscopy（错抄）
　　　　　un-（不）　　　　　unacceptable（不能接受的）
　　　　　　　　　　　　　　unaffected（不受影响的）
加强意义：be-（极度）　　　　besprinkle（洒遍）
　　　　　　　　　　　　　　bedeck（过分装饰）
　　　　　arch-（极端）　　　archconservative（极端保守的）
　　　　　　　　　　　　　　archenemy（大敌）

---

① 这一拉丁语前缀"in-"，表示"not"，因受语音同化（assimilation）影响，具有三种变体：在语音"l"前面变为"il-"，如"illegal、illegible"等；在语音"r"前面变为"ir-"，如"irresistible、irregular"等；在语音"b、m、p"前面变为"im-"，如"imbalance、immoral、impartial"等。

② 这一拉丁语前缀"en-"，表示"to make"，也因为受语音同化的影响，产生了一种变体，即在语音"b、p"前面变为"em-"，如"embitter、empower"等。

（二）形态学研究中的基本概念

前缀作为词素,具有各种意义。现根据这些不同的意义,将前缀分为以下几类:

(1) 表示否定的前缀:a-、non-、un-、dis-、in-。如 amoral、nonstop、unsunned、disquiet、incomparable 等。

(2) 表示贬义的前缀:mis-、mal-、pseudo-等。这些前缀往往表示"错"、"不良"、"不当"或"假的"等意思,如 misdeem、malposition、pseudoclassic 等。

(3) 表示消除的前缀:un-、dis-、de-等。这些前缀往往表示去除或消除某种事物、行为或性质之意,如 unbutton、discontent、dethrone 等。

(4) 表示时间的前缀:ante-、pre-、fore-、post-、ex-等。这些前缀往往表示时间上的先后概念,如 antenatal、predate、forenoon、postmodern、ex-wife 等。

(5) 表示态度的前缀:pro-、co-、anti-、counter-等。这些前缀一般表示一个人的态度或看法,或支持,或合作,或反对,如 pro-Chinese、co-action、antifascist、counterculture 等。

(6) 表示程度或大小的前缀:ultra-、super-、sur-、arch-、sub-、infra-等。这些前缀一般表示事物的大小或某种性质的程度,如 ultra-short、supernatural、surreal、archenemy、subnormal、infrahuman 等。

(7) 表示处所的前缀:super-、sub-、inter-、trans-、intra-、peri-(周围、外层、靠近)等。这些前缀往往表示所处的位置,如 superstratum、submarine、intermountain、transfrontier、intra-marginal、perimeter 等。

(8) 表示相反的前缀:with-、re-、retro-等。这些前缀常常表示相反的意思,如 withstand、rebound、retroact 等。

(9) 表示全部或一切的前缀:omni-、pan-、panto-、per-等。这些前缀常常表示"全"之意,如 omniform、pancosmism、

pantologic、perfuse 等。

(10) 表示使动性的前缀：en-、be-等。这些前缀通常表示"使……成为"之意,如 enrich、becalm 等。

需要指出的是,英语中的大部分前缀一般情况下不改变词基的词性。词基是动词,黏附上前缀之后所产生的派生词仍保留动词词性;若词基是名词,附加前缀之后,其派生词同样也保持名词词性。但是,有些前缀却会改变词基的词性,比如有些形容词或名词,若附加上"en-",则变为动词,如"en + cradle(n.) → encradle(v.)"和"en + throne(n.) → enthrone(v.)"等。

再来谈谈英语的后缀。所谓后缀,就是指黏附于词基后面的词素,与前缀一样也是一个具有意义但一般不能单独使用的语言单位。按其派生词的词性来分,后缀主要有四种:动词后缀、名词后缀、形容词后缀和副词后缀。这些后缀若黏附到词基,往往会改变词基原来的词性,如"-ate"黏附到形容词"valid"之后,其派生词便变成动词。

(1) **动词后缀**。动词后缀一般表示"成为……、致使、化、变成"等,如:

-fy： beautify、glorify、purify 等;

-ate： agitate、aggravate、liberate 等;

-ize[①]： modernize、idolize、barbarize 等;

-en： soften、gladden、thicken 等。

(2) **名词后缀**。名词后缀种类繁多,下面仅举三种,以窥全豹:

表示阴性：-ine：heroine、libertine、vicereine 等;

-ess：poetess、hostess、heiress 等;

-enne：tragedienne、comedienne、equestrienne 等;

-trix：aviatrix、executrix、testatrix 等。

表示人：-er：leader、writer、driver 等;

-or：inventor、successor、author 等;

---

① 在美国英语里,常拼作"-ise"。

-ist：dentist、dramatist、typist 等；

-ant：inhabitant、defendant、participant 等；

-ate：graduate、candidate、magnate 等；

-ain：villain、chieftain、chaplain 等；

-ling：foundling、weakling、weakling 等；

-ive：native、captive、fugitive 等；

-ee：trainee、refugee、devotee 等；

-eer：engineer、volunteer、mountaineer 等；

-aire：millionaire、solitaire、doctrinaire 等；

-ast：gymnast、scholiast、enthusiast 等；

-ary：secretary、adversary、missionary 等；

-arian：utilitarian、vegetarian、proletarian 等；

-ard①：bastard、coward、sluggard 等；

-ar：beggar、pedlar、burglar 等；

-an：artisan、orphan、pagan 等；

-ician：technician、physician、logician 等。

表示抽象名词：-ship：ladyship、kingship、friendship 等；

-sion：decision、expansion、division 等；

-ry：rivalry、bigotry、devilry 等；

-osity：curiosity、porosity、impetuosity 等；

-our：honour、fervour、favour 等；

-ition：audition、abolition、coalition 等；

-ery：robbery、scenery、imagery 等；

-hood：motherhood、falsehood、childhood 等；

-ity：futurity、maturity、brevity 等；

-asm：enthusiasm、sarcasm、orgasm 等。

（3）形容词后缀。形容词后缀一般表示事物的"性质、状态、像

---

① 大多情况下，这一后缀含贬义。

似"等意义。这类后缀在现代英语中数量很多,在此仅举一些常用的后缀。

表示性质/状态:-ic: hygienic、Germanic、angelic 等;

-ical: topical、magical、rhetorical 等;

-icular: particular、navicular、lenticular 等;

-id: fluid、splendid、florid 等;

-ile: fertile、fragile、infantile 等;

-ine: masculine、genuine、infantine 等;

-ive: active、amusive、passive 等;

-lent: turbulent、corpulent、pestilent 等;

-ory: compulsory、advisory、illusory 等;

-ous: barbarous、poisonous、disastrous 等;

-ual: mutual、eventual、sexual 等;

-ian: barbarian、Shakespearian、Australian 等;

-ate: fortunate、desolate、temperate 等;

-ary: ordinary、solitary、exemplary 等;

-ar: solar、familiar、similar 等;

-an: suburban、republican、amphibian 等;

-al: loyal、national、continental 等;

-ful: shameful、fearful、careful 等;

-less: jobless、sleepless、childless 等;

-some: tiresome、burdensome、wearisome 等;

-y: smoky、stormy、bloody 等。

表示形状/特性:-ly: queenly、godly、childly 等;

-like: womanlike、manlike、princelike 等;

-oid: asteroid、acidoid、petaloid 等;

-ish: childish、devilish、wolfish 等;

-ular: lunular、globular、jocular 等;

-form: cruciform、cubiform、fibriform 等;

-ose：globose、fibrillose、schistose 等。

(4) **副词后缀**。副词后缀一般表示动词或形容词所描述的事物的方式、状态或方向等。英语副词后缀大致有这样几个："-wise、-ways、-wards、-erly、-ly、-s、-atim"等，如"sunwise、crossways、homewards、northerly、fearfully、upstairs、verbatim"等。

18. 何谓类词缀？

类词缀（quasi-affix）在语言中普遍存在，尽管在学界尚未引起足够重视。词缀虽是黏附词素，可大多是由实词演化而来，如英语中的后缀"-hood"，在古英语时期就是一个能独立运用的名词，表示"quality"或"character"，即"特性"之意。再如英语后缀"-ly"，就是由自由词素"like"经"-like"这一"类词缀"演变而来，而"like"、"-like"和"-ly"这三种形态即便在现代英语中也依然共存，如"Her hair is so soft that it looks like silk"中的"like"属于自由词素，用作介词，表示[+具有相似的特征或特性]；在"childlike"和"catlike"中，"-like"是"类词缀"，具有形容词词缀功能，表示[+具有部分类似特征]；而在"friendly"和"cowardly"中的"-ly"是纯词缀，用作形容词后缀，表示[+具有某特征或特性]。作为介词的"like"，随着形态的演变，语义逐渐虚化，而词缀功能逐渐增强，最终嬗变为一个纯词缀。汉语也有类似的类词缀，如2009年流行词"被"就已成为类词缀，其构词能力很强，已构建出"被就业、被自杀、被代表、被谈话、被开会、被传达、被申请、被全勤、被增长"等等。再如"裸"一词，也已成为类词缀，构成许许多多的"裸X"词语，如"裸官、裸考、裸捐、裸陪、裸婚、裸政"等等。

那么，何谓类词缀？类词缀就是指自由词素因语义虚化和词缀化功能增强并正在向纯词缀演变的一类特殊词缀。邬菊艳和王文斌（2009）在《英语"类词缀"的认知阐释》一文中对类词缀作了较为详细的分析。他们认为，类词缀一头连着自由词素，另一头连着纯词缀，是自由词素与纯词缀之间的变异形式构成的连续统（continuum），而这个变异的过程正是语法化(grammaticalization)的演变过程。若要考察类词缀的语义和构词特征,我们应关注语法化、自由词素和纯词缀这三个关键概念。

所谓语法化,就是指语言中原本意义实在的词逐渐演化为意义虚灵、表示语法功能的语言成分。从历时角度看,语法化过程体现了语言逐渐演变的历程;从共时角度看,则体现为某一时期同时存在不同的变异形式,形成一个连续统(continuum)。类词缀是语法化的产物,也具有语义虚化和逐渐演变的特征,并且不同的"类词缀"具有不同的语义虚化度,构成一个连续统。语义虚化的最终结果就是导致新形态的产生,此时,"类词缀"将彻底与自由词素脱离,演变为纯词缀,成为语义虚化程度最高的词素。但同时,由于语法化具有渐变性质,新形式出现后,旧形式不一定马上消失,即在由 A 虚化为 B 的过程中,往往存在一个 A、A' 和 B 三者共存的阶段,上文提及的英语"like"、"-like"、"-ly"就是一个例证。

自由词素是指具有特定意义并在语言中可独立运用的单位。因此,具有特定意义和可独立运用是自由词素的最基本特征。简言之,一个自由词素就是一个词。英语"类词缀"是在具有实在意义的自由词素的基础上经语法化演变而来,其语义逐渐虚化,形式具有独立性或不同程度的黏附性。但根据语法化渐变理论,几乎所有"类词缀"在经历词缀化的同时,仍保留着自由词素的状态,这也是"类词缀"之所以要加个"类"字的重要原因之一。

纯词缀是指只能与词根或词干结合使用的构词成分的总称。王文斌(2001:115)认为,作为纯词缀必须具备以下四个条件:(1)作为词素,必须具备意义,而且是一个单一的词素;(2)必须具有黏附性,在语言中不能单独使用;(3)黏附于词基的位置必须是固定的(即具有定位性);(4)必须具有能产性。由此可知,语义虚化程度高(上文已说明)、构词具有能产性和定位性、形式具有黏附性是纯词缀的重要特征,而"类词缀"是纯词缀的预备军,往往具有纯词缀的部分特征。它们语义虚化,构词具有能产性和定位性,但语义虚化程度可能不及纯词缀,形式上也可能并不具有纯粹的黏附性,而仍表现为独立性或一定程度的黏附性。如"soft",作为"类词缀",在构成"software、soft drink、soft drug、soft money、soft science、soft technology"等词中,其原有的实在语义[+柔软的]已经脱落,其抽象语义[+与"hard"义相对]逐渐占主导地位,语义虚化程度增强,能与其他许多词组合成新词,而且在新词的两个成分中往往以第一成分出现,也就是说,具有类似纯词缀的能产性和定位性特征。但从正字法可以看出,它更多的还是独立成词,并不完全具有形式上的黏附性。

邬菊艳和王文斌(2009,2010)提出,自由词素演变成为"类词缀",即发生词缀化倾向,主要有两条途径:一是部分自由词素因自身语义发生虚化而逐渐演变成为"类词缀",其中隐喻(metaphor)和转喻(metonymy)是重要机制;另一条途径是使用频率较高的单向组配短语和跨层邻接结构发生词化(lexicalization),并促使某一成分固定在前缀或后缀的位置上而成为词缀化的根源,故词缀化是促使这一类"类词缀"生成的另一重要机制。

19. 类词缀化词的词义有哪些变化?

类词缀化词与其他词组构成类似于复合词的词之后,在多半情况下,其词义会发生不同程度的变化,往往会出现三种情况:一是出现词义的整体性变化,二是出现词义的狭化(narrowing),三是出现词义的扩大化(extending)。可多半情况是发生词义狭化。

我们在具体说明这些词义变化之前,先来看一看何谓词义的整体性变化、词义的狭化以及词义的扩大化。所谓词义的整体性变化,就是指一个词原本常表示某种词义,可发生类词缀化之后,其词义可能会发生根本性的变化。所谓词义的狭化,就是指一个词原本具有多种词义,是一个多义词,可一旦出现类词缀化,其词义往往仅固定于某一词义。而所谓词义的扩大化,是指一个词发生类词缀化之后,其词义往往在原有词义的基础上出现词义的扩展。现在我们将一一举例来说明这些词义变化。

我们知道,英语中的"gate"一词,原本是表示"门",可自从1972年,时任美国总统的尼克松曝出"Watergate"(水门事件)以后,人们将"gate"当作一个词缀来构词,构建出表示类似于水门事件的丑闻,"gate"一词也遂变为与原词义"门"完全不同的"丑闻"之意,如:

Camillagate(卡米拉门)　　　　Clintongate(克林顿丑闻)
sexy-photo-gate(艳照门)　　　prisoner-gate(虐囚门)

"gate"这一例子说明,有些词在发生类词缀化之后,其词义可能会发生根本性的变化。再如"some"一词,在一般情况下是表示"一些",可发生类词缀化之后,其词义也随之发生变化,往往出现两种词义:一是与名词、动词或形容词结合,构成形容词,常常描述人的特质,有时也描述物的特征或属性,而且这些特质、特征或属性常使人感到不快,如:

worrisome(使人担忧的)　　　troublesome(令人烦恼的)
irksome(让人憎恨的)　　　　burdensome(烦人的)

二是与表示基数的数词结合,构成名词,常常表示由相应数字的人数组成并通常在一起从事某种活动的群体,如:

twosome(两人一起)　　　　　ninesome(九人一起)
sevensome(七人一起)　　　　fivesome(五人一起)

我们现在来看一看类词缀化词的词义狭化现象。英语中的"first"一词,本来具有多种词义,有"第一的、首要的、最早的、最前面的、基本的、概要的、最起码的"等等,可这一词类词缀化之后,往往仅表示"某物朝前的"或"某物先表现出动作的",即仅具有"最前面的"或"最早的"的词义,如:

head-first(头朝前的)　　　　chin-first(下巴朝前的)
heel-first(脚跟先放的)　　　feet-first(先挪动脚的)

最后,我们来看看类词缀化词的词义扩大化。英语中的"base"一般仅表示"基础"之意,附加上后缀"-ed"之后便成为一个形容词,是表示"以……为基础的",可类词缀化之后,这一词义便得到了扩展,至少

(二) 形态学研究中的基本概念

可以表达三个方面的意思。第一是与名词结合构成形容词,其词义可以表示"事物的主要部分",如:

market-based(以市场为主导的)

money-based(以金钱为前提的)

acid-based(酸性的)

computer-based(以电脑为主要工具的)

第二是与"broadly(广泛地)、widely(广阔地)、solidly(稳固地)"等副词结合,构成形容词,其词义是描述"构成事物的主要成分所具有的属性",而不是陈述事物如何构成。通常所描述的对象是"政府"、"信念"或"运动"等,如:

broadly-based(有广泛基础的)　　firmly-based(有坚实基础的)

widely-based(有广阔基础的)　　solidly-based(有稳固基础的)

第三是常与表示地方的名词或形容词或表示国籍的形容词结合,构成新的形容词,描述主要是在某地设置或存在的事物,或在某地组建的事物,如:

ground-based(安置在地面上的)

Swiss-based(设在瑞士的)

overseas-based(以海外为基地的)

community-based(以社区为基地的)

20. 现代英语中有无中缀?

现代英语中有无中缀?这是一个值得探讨的问题。有些学者认为,英语构词中存在中缀,如"wonderful"和"fantastic"这两个词,插入中缀"-bloody-"或"-fucking-"之后,便构成"wonbloodyderful"和"fanfuckingtastic",并提出"-bloody-"和"-fucking-"作为中缀始终出现于词根或词干的第一个音节之后。我们认为,在讨论这一问题之前,有必要首先搞清楚:何谓词缀?何谓中缀?

英语的"affix"一词演绎于拉丁语"ad"加上"figere",意为"attach to",即表示"黏附于……"之意。Richards 等（1985：7）认为,词缀是一个词素,附加于一个词根或词干,改变其意义或语法功能。Crystal（1985：10）认为,词缀是一个黏附词素,只能附加于另一词素。Trask（1993：11）提出,词缀是一个黏附词素,只能黏附于一个词根或一个词干。从以上三种对词缀的界定来看,我们至少可以发现关于词缀的两个共同特征:一是词缀往往是一个单一词素;二是词缀具有黏附性,只能黏附于一个词根或词干,在语言中往往不能单独使用。纵览英语中的词缀,不论是前缀(如"de-"、"un-"等)抑或后缀(如"-ful"、"-ous"等),不论是英语本族语词缀(如"-ness"、"en-"等)抑或外来语词缀(如希腊语词缀"anti-"、拉丁语词缀"multi-"等),均具有以上两个共同特征,而这两个共同特征归结为一句话就是:词缀往往是一个在语言中不能自由运用的单一的黏附性词素。

中缀既然是词缀的一个类别,应同样具备词缀所具备的属性,即作为词缀的中缀,同样应是一个在语言中不能独立成词的单一性黏附词素。我们认为,作为词缀,不论是前缀、后缀抑或中缀,应具备四个条件:一是作为词素,必须具备意义,而且是一个单一的词素;二是必须是黏附性的,在语言中不能单独使用;三是必须黏附于或嵌入于词根或词干,其位置必须固定;四是必须具有能产性。

在具体回答英语有无中缀之前,我们先来看一看中缀在阿拉伯语中的典型表现。在阿拉伯语中,词汇的词根被称为是"三辅音词根"。在三个辅音中附加或嵌入不同的元音或辅音,便构成不同的词语,表示不同的词义和语法关系,换言之,词义的变化和语法关系的变化产生于词根内部的变化,如在表示"写"之意的动词词根"k-t-b"中,其内部变换元音和辅音,则会产生不同的词义和语法关系,如：

词根的内部变化	词义及语法关系
（1）kataba	'he wrote'
（2）kattaba	'he caused to write'

（二）形态学研究中的基本概念

(3) katab　　　'he has written'(现在完成时主动语态)
(4) kutib　　　'it has been written'(现在完成时被动语态)
(5) aktub　　　'he has not written'(非现在完成时主动语态)
(6) uktab　　　'it has not been written'(非现在完成时被动语态)

那么,英语中到底有无中缀?Crystal(1985:157)在谈到中缀问题时指出,欧洲各语言不存在中缀构词法。显然,他否定了中缀在英语中的存在,因为欧洲各语言无疑包括了英语。Robins(1989:199)也认为,除非将"feet"和"men"这两个复数名词看作是中缀构词法的结果,英语构词不存在中缀。但是,McMillan(1980:167)发现,英语具有中缀构词法。Bauer(1983:89-90)赞同McMillan的看法,认为尽管像"-bloody-、-bloomin(g)-、-fuckin(g)-"那样的中缀在英语中极为少见,可它们照样起到构词的作用。

我们认为,英语具有中缀,尽管与前缀和后缀相比,数量极少,但在构词中的确存在,这恐怕是一个毋庸置疑的事实。如果说"feet"和"men"这种特殊的名词复数形式是语言历史的化石,难以从共时的角度考察中缀在英语构词中的存在;再如果说英语有些复合词中的连接字母(如"handicraft"中的"-i-"字母以及"salesman"中的"-s-"字母)都不能算是中缀,因为它们不具备意义,也因此不具备作为词素①的条件,那么英语中有些复合名词的复数形式显然能证明中缀的存在②,如"passers-by、daughters-in-law、grants-in-aid、runners-up"等词中的"-s-"。因为这一词缀"-s-"出现于复合名词之中,表示名词的复数形式及复数

---

① 词缀是词素,而作为词素,它必须具有意义,是语言中具有意义的最小单位,而"-i-"和"-s-"都不具备意义。
② 英语中的复合名词变复数时,完全可以将整个复合名词看作一个词干,然后再附加表示复数的词素"-s",如:"woman-haters"、"toothpicks"、"boy-friends"、"air-raids"、"grown-ups"、"sit-ins"、"stand-bys"、"hold-alls"、"touch-me-nots"等。

意义,因此具备了作为词素的词缀的一个条件;同时,这一"-s-"出现于复合名词的中间,也因此具备了中缀的条件;它具有意义,但在语言中不能单独使用,这又使它具备了作为词缀的另一个条件:是一个黏附词素。再者,它在词干中的位置必须是固定的,不可能出现像"passser-by"和"rusnner-up"那样的复合名词的复数形式。由此可见,英语中到底有无中缀的问题,是一个不言自明的问题,没有必要再作争议。但需要指出的是,英语中复合名词的这种复数形式只是属于表示形态变化的屈折词缀,而英语的派生词缀中到底有无中缀,这还有待于进一步探讨和研究。

在此的真正问题是,像"wonbloodyderful"和"fanfuckingtastic"中的"-bloody-"和"-fucking-",以及"-friggin(g)-、bloomin(g)-、-goddam-"等能否算作中缀?另一问题是,是否像有学者所认为的那样,"-bloody-"和"-fucking-"作为中缀,在构词中始终位于词根或词干的第一个音节之后?首先,从Bauer(1983:90—91)和Katamba(1993:45)所提供的那些例词看,英语中这些词作为中缀始终位于词根或词干的第一个音节之后而决不能位于第二个音节之后的结论是缺乏依据的,如在Bauer所提供的"handibloodycap、propafuckingganda、ecofuckingnomics、unbefuckinglievable"以及Katamba所提供的"kalamagoddamzoo、kangabloodyroo"等例词中,"-bloody-、-fucking-、-goddam-"均出现于词干的第二个音节或第三个音节之后。其次,我们认为,像"-bloody-、-fucking-、-goddam-"等词在英语构词中充其量只能是"类中缀"。之所以这么说,主要是基于在前文所述的中缀必须具备的四个条件的原因:一是就位置而言,这些词的确出现于某些词的音节内部,而不是词首或词尾,因而在这一点上它们似乎是中缀;二是作为词缀,它们本来该具有能产性,可这些"中缀"并不多产,只能作为"詈词"(expletives)而嵌入某些词汇,起加强语气或强调意义的作用,而且只能用于很随意的口语表达之中;三是"-bloody-、-fucking-"等并不像英语中的前缀和后缀那样,一般都是单一的黏附词素,恰恰相反,它们均具有两个词素:"blood + y"和

"fuck + ing",而且在语言中均可单独使用;四是它们并不像前缀和后缀那样,在构词时位置比较固定。

总而言之,我们认为,英语中的确存在少数中缀,但"-bloody-、-fuckin(g)-、-goddam-、-bloomin(g)-、-friggin(g)-"等并不是完全意义上的中缀,充其量只不过是"类中缀"。

21. 为何说英语的词缀具有多义性?

众所周知,词大多具有多义性。在长期的语言演变过程中,词从原初的一词一义往往会逐渐发展成为一词多义,即一个词往往具有一个以上的词义。词缀的意义也不例外。在其漫长的演化进程中,一个词缀往往会演化出多种意义,英语的许多词缀就是如此。如英语前缀"out-"若黏附于不同的词性,会衍生出不同的词缀义。一是"out-"若附加于某些名词前,在很多情况下会派生出及物动词,表示"超出"或"越过"之意,如"outrival(在竞争中胜过)、outtongue(比……会说话)、outvoice(说话声比……高)"等;二是"out-"若附加于某些名词前,有时还会派生出形容词,表示"在……外面"之意,如"outside(外面的)、outcity(市外的)、outhouse(屋外的)"等;三是"out-"若附加于形容词前,会派生出及物动词,表示"超过、胜过"或"使……处于状态"的之意,如"outbrave(以勇胜过)、outsmart(比……更机敏)、outbound(跳过)"等;四是"out-"若附加于不及物动词前,会派生出及物动词,表示"超过、胜过、越过",如"outsleep(睡得比……久)、outgrow(长得太大)、outdream(做梦太多)"等。

现在我们聚焦于英语的后缀"-ism",借以窥视英语词缀的多义性。大凡学过英语的人都知道,"-ism"是英语的一个后缀,就是汉语的"主义"之意,如"colonialism"就是"殖民主义"。其实,"-ism"的词缀义远不止于此。如"commercialism"(商业用语)一词中的"-ism"是表示"a trait or peculiarity",意即"特征"或"特质",常用来表示某种语言的风格;在"nepotism"(任人唯亲)一词中,"-ism"是表示"the process or the result of an action",意即"某一行为的过程或结果";在"barbarism"(愚昧粗鲁）一词中，"-ism"具有"with emphasis on conduct, habit or character"，意即"强调某种行为、习惯或品质"；在"hedonism"（快乐论）一词中，"-ism"是表示"doctrines or principles"，意即"学说"或"信条"。由此不难看出，"-ism"并非一个单义性后缀，而是具有多义性。其实，"-ism"并不是一个土生土长的英语后缀，它源自古希腊语词缀"-ism-s"，其最初功能是用来构建具有动词特性的名词，如"baptism-s"，其语义是"dipping"（浸渍）。该词后被英语所借用，拼写为"baptism"，表示宗教方面的"洗礼"之意。"-ism-s"这一后缀在古希腊语里被广为使用，表示某一群体的人的风俗或行为习惯，如"Khristianism-s"，即"practice of Christians"，相当于现代英语词汇中的"Christianity"（基督教世界）之意。由此可见，"主义"并非是"-ism"这一后缀的最初意义。

"-ism-s"作为后缀最早被英语所借用是在15世纪。当时出现了"Judaism"这一单词，表示"犹太生活方式"。到了16世纪，"-ism"这一后缀被广泛使用，构建出许许多多的新名词，如"Epicureanism（符合伊壁鸠鲁学说的生活方式）、colloquialism（口语用词）、ostracism（排斥）、ritualism（仪式主义）、despotism（专制君主统治）、Puritanism（清教徒的习俗）、racism（种族歧视）、sexism（性别偏见）"等。在构词中，"-ism"这一后缀一般情况下可黏附于名词或形容词后。粘附于名词之后所形成的单词有"tourism（旅游业）、impressionism（印象派）、abolitionism（废奴主义）"等；粘附于形容词之后而派生的单词有"loyalism（忠义）、globalism（全球性）"等。需要指出的是，后缀"-ism"一般不能粘附于动词或副词之后。

总之，英语词缀的多义性是一种普遍现象，很值得我们关注。

22. 何谓词位？

在屈折语中，其每一个实词的词形（word form）几乎都不是一成不变的，在诸种句法关系中往往表现出各种变体（variants），因而在此有必要明确词与词位这两个概念之间的差异。一个词位（lexeme）是语言中的一个抽象单位,是一个词所有句法变体的基础形式,而词是这一基础形式及其所有句法变体的总称。英语在本质上属于屈折语之列,所以就以英语中的实词来谈这个问题。在英语中,"SHOW"就是一个词位,在具体的句法关系中可能会实现为"show、shows、showing、showed、shown"等变体。这些变体均具有具体的词形,在特定的句子中均作为一个词起作用,然而,这些变体却均属于"SHOW"这一词位,在特定的句法关系中会出现各种词形的变化,可其基本词义却保持不变。又如"CHILD"这一词位在不同的句法关系中可实现为"child"和"children"这两个词形。再如系动词"BE"是一个词位,是英语中的一个抽象单位,在具体的句法中可实现为不同的句法变体:"am、is、are、was、were、been、be",即所有这些变体均是"BE"这一抽象单位的句法实现。还如"SMALL",在表示比较的句法关系中,会表现为"small、smaller、smallest"这三种形式。我们在英语词典里只需查找"SHOW"、"CHILD"、"BE"和"SMALL"这四个词条(lexical item),就能找到这些句法变体。一般说来,每个词位在词典中应作为一个单独词条列出。因此,在很大程度上,英语词典中的绝大多数词条都是词位。我们常说的一门语言的词汇总量,也往往是以词位为计算单位的。

值得注意的是,上文提到,在屈折语中,几乎每一个实词的词形都不是一成不变的。我们在此之所以说是实词,是因为屈折语中的实词词位往往具有各种不同的句法表现形式,如上文所举的"SHOW、CHILD、BE、SMALL"这四个词位,其词形在不同的句法中实现为不同的形式。然而,英语中的功能词(functional word)的词位却往往只有一个词形,不可能出现各种句法变体,如"BECAUSE、SINCE、THE、FOR、AT、DESPITE"等六个词位,均分别只有一个词形:"because"、"since"、"the"、"for"、"at"和"despite"。由此可见,英语中的实词词位具有开放特征,其词形取决于其特定的句法关系,而功能词却往往不受句法关系的制约。

23. 型、例、词位和词原形在概念上有什么区别?

型(type)与例(token),汉语中也可称为词型与词例,是属于种类与个体之间关系的一对概念,是研究词汇时测量语篇词汇密度(lexical density)或型—例比率(type-token ratio)时所使用的术语。所谓型,就是指在一个语篇中不同词型的全部数目;而所谓例,就是指语篇中实际所出现的词,如:

One boy is a boy, two boys half a boy, three boys no boys.(一个和尚挑水喝,两个和尚抬水喝,三个和尚无水喝。)

在这句话中,出现了14个例,即14个词例,可从型的角度看,却只有8个词型,因为句中名词"boy"共出现6次,即有6个词例,却只能算作同一个词型;冠词"a"共出现2次,即2个词例,也只能算作1个词型。因而,此句共有8个型:"one、boy、is、a、two、half、three、no"。

如上文所述,型与例属于种类与个体之间的关系,型不是单个的词,唯有借助能表现型的诸种不同的例才能存在,而例则是型的诸种特殊的或个别的体现,即各具体的词形。

所谓词位,就是指作为一个抽象单位,是一个词所有句法形态变体的基底形式,如"happy、happier、happiest"就属于同一个词位"HAPPY"。其实,词位这一概念与词型这一概念有类同之处,都是指一个抽象单位,能以许多不同形式出现于口头或书面句子中。两者之间的差异是,词型这一概念往往是语言学各分支中所使用的统计学术语,常与词例这一概念相对;而词位这一概念则多见用于形态分析,更多注重于词的形态抽象,如动词的形态变体、名词的单复数形式、代词的各种不同形式等。由此,"room、rooms"这两个不同的名词形式只能算作"ROOM"一个词位;"walk、walks、walked、walking"这些不同的语法形态变体只能算作一个词位,即动词"WALK"。一般说来,词位是词典编纂的基础,即在词典编纂中,每个词位都当作一个词条或附加词条列出。

所谓词原形(lemma,在英语中其复数形式是lemmata),就是指列在词典的词条开头的词项,汉语中或称词目,或称首词(headword)。词原形实质上也是一个抽象表示,包括可能出现的各种语法形态变体和拼写变体,如语法形态变体"take、takes、took、taken、taking"在语料库统计中只能算作一个词原形,词的不同拼写形式,如"judgment"和"judgement",也同样属于一个词原形。在语料库应用或自然语言处理时常需对词位的诸种词形进行词原形归并处理(lemmatization),即将语料中所出现的属于同一词位借助程序自动归并到其词原形中,如将"throw、throws、threw、thrown、throwing"全归并为其词原形"throw"。

实际上,词型、词位与词原形三者在概念上有重叠之处,均指同一个词不同形态变体的抽象单位,彼此之间的细微差异在于:词型更多用于语言词汇的统计学研究;词位更多见于语言的形态分析和词典编纂;而词原形则更多见于语料库研究。

24. 何谓词?

词是一个能在语言中独立运用的语言单位,人们凭感觉似乎都能辨别词为何物,但是,若要对词下一个十分贴切并让人人都认同的定义,则非易事。英国著名语言学家 Palmer(1980:51)曾经说过,词是无法明确规定的语言单位。结构语言学鼻祖 Saussure 曾说得更为绝对,认为若想对词下任何定义,都是徒劳的。如:"New York"是一个词还是两个词?"the United States"是一个词,还是三个词?我们说"workman"(工匠)和"workday"(工作日)分别都是单独的词,因为复合词作为语言单位只能算作单独的词,可"work force"(劳动人口)和"work island"(独立工段)是否也分别都是单独的词?再如"kith and kin"(亲戚),这是一个单独的词还是由三个词组成?如果说是由三个词组成,那么该怎样解释"kith"在句法中不能单独使用,却只能与"kin"并列使用来表示"亲戚"这一意义呢?还有"It rains cats and dogs"中的"cats and dogs",是一个单独的词还是三个词?问题是惟有这三个成分组合在一起时,"cats and dogs"才具有"倾盆大雨"之意;一旦这三个成分缺少其中的任何一个,"倾盆大雨"这一词义便不复存在。又如"to and fro"(来来往往)和"pro and con"(从正反两方面争论),它们分别是由三个词组成的呢,抑或分别就是一个单词?由此可见,要判定何谓词殊为不易,但对词这一概念作出一个界定,仍有必要。

我们认为,词是具有特定意义和语音形式并在口语或书面语的句法上承担一定语法功能的能独立运用的最小语言单位。这一界定基本涵盖了词的四要素:音、形、意和句法功能,同时还包括了在句法上能单独使用这一特征,表明词能独立并自由地用来造句,充当句子成分,具有完整和不可分割的语义特点。譬如说,"letter"一词的音是['letə],其形就是"letter",其意就是"书信",其句法功能是名词,可作主语、宾语等,能独立运用,如:

(1) His letter came to hand yesterday.(他的信于昨天收到。)

当然,句(1)中的其他词,其实也同"letter"一样,均具有音、形、意和句法功能这四个要素。

词可分为功能词(functional words)和实词(content words)这两个大类别。前者包括代词(如英语的"it、he、she、they"等)、介词(如英语的"in、of、about、with"等)、连词(如英语的"and、but、or、unless"等)和冠词(如英语"a、an、the");后者包括名词(如英语的"tree、road、desk、cupboard"等)、动词(如英语的"make、perform、carry、write"等)、形容词(如英语的"good、clever、clean、bright"等)和副词(如英语的"rather、fairly、very、carefully"等)。功能词在语言表达过程中所携带的词义信息相对较小,一般仅起句法构建的作用,尤其是连词,在句法构建中能起到表达语义的逻辑关系,而实词则往往携带着较为丰富的词义信息,对语言的表情达意起重要作用。然而,实词在特定句子中的句法联结,常需要功能词的参与。关于这一点,与汉语相比,英语表现得尤为突出。譬如说,汉语可以说"道路是曲折的,前途是光明的",这两句话中没有出现任何的连词,可一旦用英语来表达,就非得借用一个连词不可:"Although/though the road is tortuous, the future is bright."或"The road is tortuous, but the future is bright"。再者,功能词的数量相对较少,而实词的数量应该说是无限的,往往随着人类社会的发展,新生事物的不断涌现,新鲜的概念不断出现,新词也就随之不断产生并进入语言的使用。即便原先是短语或句子的各种语言表达,随着人们的普遍接受和认同,会逐渐被固化为具有整体意义的词项,也就是说,会逐渐演变为词。这种现象,在语言学界常常被称为词化(lexicalization)。正因为实词的数量能得到不断的扩充,而功能词的数量往往是十分有限,语言学家常常称实词为开放(open)词,称功能词为封闭(closed)词。有些实词在语言的发展进程中会发生语法化(grammaticalization),即实词的功能化,如英语中表示"方式"、"方法"或"样式"之意的"-wise",在古英语里曾经是一个实词,可随着语言的发展,逐渐嬗变为一个黏附性词缀,即"wise"在语言的发展过程中逐渐词缀化(affixization),如"lengthwise"(纵向地)、"breadthwise"(横向地)和"luxurywise"(在奢侈享受方面)等。

25. 词与词缀有何关系?

一般来说,词是在句法中能独立使用的语言单位,而词缀是句法中不能单独使用的语言单位,常作构词成分参与词的构造。然而,词与词缀之间的畛域并非始终不能跨越,两者之间会发生转化,如在"I don't care about what ism it is"一句中,原本是后缀的"-ism"在此被用作了一个能单独使用的词。在词与词缀两者之间的转化过程中,尤其是词,会随着语言的漫长演变,有可能发展成为词缀,如英语中的派生词缀"-ful、-less、-ship"以及"-ly"等,若追根溯源,其实都来源于独立词,随着语言的演化而逐渐变为词缀,在形态上由自由词素变为黏着词素。譬如说,"careful、beautiful、wonderful"这三个词中的后缀"-ful"源于能独立使用的形容词"full",早先出现"mouthful、spoonful"这样的词里,这时的"-ful"还有"充满……的"之原始含义,之后,其语义逐渐虚化,最终获得了抽象意义:"有……性质的"、"有……倾向的"等语义。有些词缀已经虚化到几乎不存实义,如"-ship"。事实上,"hardship、craftsmanship、friendship"这三个词中的后缀"-ship"源自古英语"skap",意为"使成为某种状态或条件",现代英语中的"shape"一词即源于此。黏附于名词后,即表示该名词所具备的状态或性质。

由此可见,英语的许多词缀是由独立词经语法化演变而来。除了词缀,英语的词还呈现出一种类词缀化的倾向,王文斌(2005)将其定义为:原来能独立运用的单词,因语言表达的需要在构词上表现出词缀的行为,能与许多词组合构建出许多新词,具有很强的构词力。比如"speak"在英语中是独立词,但是英国作家 G. Orwell 在其小说《1984》中杜撰了"doublespeak"(欺人之谈)、"newspeak"(一种指东说西、模棱两可的官腔)和"oldspeak"(陈词滥调)三个单词后,人们就开始将"-speak"作为组合成分来使用,意思是"行话"或"用语",在"-speak"前加上各种各样的名词,如"computer-speak(计算机语言)、art-speak(艺术语言)、media-speak(媒介语言)、teacher-speak(教师语言)、sport-speak(运动语言)、college-speak(校园语言)、China-speak(按中国人的说法)、consumer-speak(用消费者的语言)、lawyer-speak(用律师的语言)、White-House-speak(按白宫的说法)等。这些新词中还有"ad-speak"(广告用语)、"corporate-speak"(公司特有用语)、"child-speak"(孩子用语)、teen-speak(青少年用语)、green-speak(绿色话语)"等等。在此的"-speak"还不能被看作词缀,因为它依然可以独立使用,二来其语义虚化程度不高,因此是一种半虚半实的构词词素,不妨将其看作是独立词和词缀之间的一种中间状态。也就是说,其词缀语法化的路径可以作如下准确描述:

独立词 > 类词缀化 > 词缀

汉语的词汇演变也与之类似,大体是如下路径:

实义词 > 黏着词根 > 构词词缀 > 语法词缀

以词素"过"的演化为例。"过"在上古汉语本是一实义动词,意为"路过,经过",后来渐渐变成了一个黏着词根,如"过分"。最终,"过"不仅变成了一个构词词缀,也成了汉语的时体标记词,表示完成体,类似于语法词缀了,如"做过、吃过"等。

需要指出的是,词和词缀构成了一个连续统,它们之间并不是截然两分的,而是有着中间地带,如类词缀。词缀大多由独立词经语法化而来,因此不妨说,今日之词缀曾是昨日的词。

26. 何谓词根？

所谓词根，就是指一个根词素（root morpheme），在一个单词中往往表示主要的词义信息。词根可以是一个自由词素，如"useless"中的"use"，在句中可以单独使用，在这种情况下，词根与单词素词这两个概念重叠，即它既是一个词根，又是一个单词。词根也可能是一个非自由词根，如"unpredictability"这一词中的"dict"，便是一个非自由词根，它不能单独使用，只能与黏附词素组合构成一个能单独使用的单词，如与作为前缀的黏附词素"pre-"组合构成"predict"（预见）。词根也可以与一个自由词素或其他的词根组合构成一个能单独使用的单词，如词根"video"与自由词素"tape"组合构成"videotape"（录像带）；非自由词根"sui"与另一非自由词根"cide"组合构成"suicide"（自杀）。属于自由词素的词根也可以与另一个自由词素组合构成一个复合词，如自由词素"net"与另一个自由词素"head"组合构成复合词"nethead"（网虫）。

需要指出的是，国内外语言学界（如 Crystal, 1985：267；Stockwell & Minkova, 2001：61；Carstairs-McCarthy, 2002：20；林福美，1985：75；汪榕培，卢晓娟，1997：14—16）普遍认为，词根可以分为两类：自由词根（free root）和黏附词根（bound root）。这就是说，词根有自由与黏附的区分。我们认为，这种看法有待纠正。既然是词根，就不可能具有黏附性，惟有词缀才具有黏附性，因为词缀始终处于次要或被动的位置。如果说词根具有黏附性，那么在构词中它就处于次要或被动的地位。我们不能说一个词根黏附于另外一个词素，而只能说一个黏附词素黏附于一个词根，词根是一个多词素词的词义核心之所在。因而，在每一个词中，词根与黏附词素的关系具有主与次的关系，词根是主，而黏附词素是次。如上所述，词根可以与另一词根组合构成一个单词，但这种组合一般不存在黏附关系，往往是两者的平等组合，处于并列关系之中，如自由词根"one"加上另一个自由词根"self"构成"oneself"（自身），非自由词根"psycho"加上另一个非自由词根"pathy"构成"psychopathy"（精神变态）。鉴于此，我们认为，英语中的词根只能分为自由词根和非自由词根两种,不存在黏附词根,而只能说词缀属于黏附词素,但词缀不应包括词根在内。简而言之,英语中的词根只有两种:自由词根与非自由词根。能独立自由运用的词根是自由词根,而不能独立自由运用的词根则是非自由词根。譬如说,"meaningfulness"由四个词素组成,其中"mean"是一个自由词根,在句法中可以单独使用,负载着"meaningfulness"这一词的主要词义信息,而其中的"-ing"、"-ful"和"-ness"则均是黏附词素,它们具有意义,但不是词的核心意义,也不能单独使用,只能黏附于其他词素才起作用。在"receive"(收到)、"conceive"(构想)、"perceive"(感知)和"deceive"(欺骗)这四个词中的"ceive"这一词根,是一个非自由词根,表示"拿住"或"抓住"之意,它只能与其他的词素组合才能构成一个可以独立运用的词,但不能说是"ceive"黏附于"re-"、"con-"和"de-",而只能说是"re-"、"con-"和"de-"黏附于词根"ceive"。

27. 英语中自由词根与非自由词根有何本质区别?

词根就是指一个根词素,具有意义,但在形态上不可再切分为更小的语言单位。从语义的角度看,词根是一个词带有中心词义的词素;从历史角度看,词根是词的最早形式。英语在其漫长的历史长河中,其词汇中的词根已发展成为两类:一是自由词根,二是非自由词根。自由词根与非自由词根的根本区别在于,自由词根在句法中往往能单独使用,而非自由词根在句法中则往往不能独立成词。需要指出的是,自由词根往往是单词素词,多半是英国本族词(native words),因此在英语中使用频率最高,也是操英语本族语者最常见的词汇部分,如:

air(空气)、bud(蓓蕾)、coal(煤)、doze(打瞌睡)、earth(地)、mean(意指)、key(钥匙)、pose(摆姿势)、seed(种子)、liver(肝)、each(每)、grip(紧握)、walk(走)、frog(蛙)、food(食品)、zig(急转)、ray(光线)、zest(兴味)、yawn(打哈欠)、wave(波浪)、voice(声音)、use(使用)等。

这些词不仅在句法上本身可以独立运用,在语言交际中具有很高的使用频率,而且还可以与其他各种词素或词组合,构成许多也能独立使用的词,具有很强的构词力,如"earth":

earthen(泥土做的)、unearth(发掘)、unearthly(非尘世的)、earthliness(尘缘)、earthling(凡人)、earthiness(泥土性)、earthly(世俗的)、earthward(向地面)、unearthliness(超凡)、earthflow(泥流)、earthenware(陶器)、earthshine(地光)、earthworm(蚯蚓)、earthwatch(地球监察)、earthbound(扎在土中的)、earthman(地球人)、earth mother(地神)、earthfall(塌方)、earth tremor(地震颤动)、earthshaker(惊天动地的人物)、earth-sensor(地球传感器)、earthrise(地出)、earthquake(地震)、earthbath(泥浴)、earth-bred(土生土长的)、earth-free(不接地的)、earthfast(扎在土中坚固不移的)等。

除自由词根之外,英语中还存在着大量的非自由词根。这些非自由词根在日常英语中极为常见,它们在句法中不能独立成词,只能与其他词素(词缀、自由词根或非自由词根)组合才能构成单词。但是,尽管是非自由词根,可它们仍具极强的构词力。在此特别需要指出的是,非自由词根在与词缀(即黏附词素)组合成词时,词的中心意思在于这一非自由词根的语义,而不在于这一词缀的语义,如在"recede"(后退)一词中,"cede"是一个非自由词根,表示"go"之意,而"re-"是前缀,表示"back"之意,此词的中心词义在于"cede",而不在于"re-"。另一点需要指出的是,英语中的非自由词根,大多源自希腊语和拉丁语,而且又以拉丁词根居多。这些词根在希腊语和拉丁语中大多是原本能独立运用的词,在被引入英语之后却只能作为构词用的词素,并多半仅限于与出自希腊语或拉丁语的词素结合。若能了解这些非自由词根及其语义,对我们掌握英语中许多单词的构素及单词的核心词义是非常有益的。对于这些非自由词根,我们现举例如下:

agri/agro = field, land,属希腊词根,如:

agriculture（农业）、agronomy（农学）、agriculturist（农学家）等。

brev = short,属拉丁词根,如:

abbreviate（缩短）、brevity（简短）、breviary（缩略）等。

ceive/cept = take,属拉丁词根,如:

receive（收到）、receiver（接收器）、accept（接受）、intercept（截取）等。

equ = equal,属拉丁词根,如:

equal（平等的）、equability（平稳）、equation（等式）等。

fac/fact = do,属拉丁词根,如:

facture（制作法）、facile（易做到的）、artifact（人工制品）等。

gam = marriage,属希腊词根,如:

monogamy（一夫一妻制）、endogamy（内部通婚）、exogamy（外族通婚）等。

geo = earth,属希腊词根,如:

geography（地理学）、geology（地质学）、geothermal（地热的）等。

ject = throw,属拉丁词根,如:

project（伸出）、reject（驳回）、inject（注射）等。

onym = name,属希腊词根,如:

onymous（署名的）、anonym（匿名者）、pseudonymous（假名的）等。

path = feel,属希腊词根,如:

pathetic（感情的）、apathy（无动于衷）、sympathy（同情心）等。

qual = nature, character,属拉丁词根,如:

quality（性质）、qualify（使……具有资格）、qualified（有资格的）等。

toler = bear,属希腊词根,如:

（二）形态学研究中的基本概念

tolerate(容忍)、tolerable(可容忍的)、tolerant(容忍的)等。

tort = twist,属希腊词根,如:

tortile(扭弯的)、tortuous(曲折的)、distort(歪曲)等。

urb = city,属拉丁词根,如:

suburb(郊外)、urban(城市的)、inter-urban(城市与城市之间的)等。

vis/vid = see,属拉丁词根,如:

visit(访问)、visible(可见的)、evident(明显的)等。

从以上所罗列的非自由词根,我们不难看出,绝大多数的非自由词根均为拉丁语词根,少量则是希腊语词根,这是因为历史上希腊语词根往往取道拉丁语再进入英语。Jespersen(1938:118)就曾注意到,被英语吸收的拉丁语并不一定完全是拉丁语,有些是希腊语。这些希腊语先是被引入拉丁语,在拼写和词尾的屈折变化等方面已被拉丁语所同化,因此原本是希腊语的词根从表象上看已变为拉丁语词根了。

28. 何谓词干和词基?

所谓词干(stem),是指词的结构内部在剥离词缀之后所余留下来的那一部分。换言之,词干就是指一个词去掉词缀以后留下来的那一部分。犹如一棵树,去掉树枝以后剩下的便是树干。在屈折词(inflectional word)和派生词(derivational word)中,若去掉其屈折词缀(inflectional affix)或派生词缀(derivational affix)之后,余留下来的就是词干。譬如说,在屈折词"walls"中,若剥离屈折后缀"-s"之后,剩下的"wall"就是词干。

其实,一个词干可以是一个自由词素,也可以是一个屈折词,或是一个派生词。如词根"help"是一个自由词素,在"helpful"这一派生词里它是一个词干。也就是说,"-ful"是一个词缀,它黏附于词干"help"。当"helpful"去掉词缀"-ful"之后,留下来的便是词干"help"。说得更清楚一点,词干是相对于词缀而言的,任何一个词,在去掉任何一个词缀之后,留存下来的那一部分便是词干。再譬如说"misleadingly"一词,去掉后缀"-ly"之后留存下来的"misleading"就是词干,同时它又是一个派生词;再如果去掉后缀"-ing",保留下来的"mislead"也是一个词干;若再去掉前缀"mis-",留下来的"lead"还是一个词干,显然,这一词干是相对于"mis-"而言的。其实,此时的"lead"既是一个词干,又是一个词根。又如在"jeeps"这一词中,"jeep"既是一个词根,也是一个词干。说它是词根,是因为它是这一词的核心,传达出词义的主要信息;说它是词干,是因为它是去掉屈折词缀"-s"之后所留存下来的词的主要部分。

现在来看看何谓词基(base)。词基就是词根和词干的总称,任何词,将词缀剥离之后所留存下来的那一部分就是词基。词基既可能是词根,也可能是词干。所不同的是,词根肯定不可再切分为更小的语言单位,而词干有时像词根一样不可以作进一步的切分,有时则根据附加词缀的多寡还可以再切分,如"undoablenesses"是由词根"do"附加上"un-"、"-able"和"-ness"这三个派生词缀以及"-es"这一屈折词缀构成。若去掉"-es"这一屈折词缀,余留下来的"undoableness"是一个属于派生词的词基,即派生词词干;若去掉"-ness"这一派生词缀,那么余剩下的"undoable"依然是一个属于派生词的词干。相反,若去掉"un-"这一派生性前缀,那么余留下来的"doablenesses"则是一个屈折性词基,即屈折词词干。若去掉"un-"、"-able"、"-ness"和"-es"这些词缀,那么所余存下来的"do"就是一个词根,不可再作切分。

从以上分析我们可以看出,词的屈折变化和派生过程均作用于词基。词基这一概念包容了词根和词干这两个概念。如果单单说词的屈折变化或派生过程仅仅作用于词根,那是不全面的。

29. 何谓屈折词和派生词?

何谓屈折词?何谓派生词?学者们对这两个概念的界定不是十分鲜明,人们在实际的理解和中外的英语词典编纂中,也常混淆不清,甚至在同一本词典中,也常出现十分混乱的现象。我们在具体介绍这两个词类之前,有必要澄清屈折和派生这两个概念。

语言形态学中的两个术语"inflection"与"inflectional"属于两个不同的概念,尽管两者彼此紧密相关。"inflection"是表示词的屈折变化的过程,而"inflectional"则是表示词的屈折变化的结果,即"屈折词"。同样,形态学中的"derivation"与"derivational"也是两个不同的概念:"derivation"是表示词的派生过程,而"derivational"则表示词的派生过程的结果,即"派生词"。

Lyons(1977:195)认为,词的屈折变化是指词的词形变化,用以表达在句法中某一个词与其他词的关系,而词的派生过程则是指借助现有的词或词根形成新词。国外其他语言学家(如 Bauer,1983:22—27;Matthews,1974:63,126;Katamba,1993:47,51;Carter,1998:10;Jackson & Amvela,2000:70)也均认为,词的屈折变化是为了特定的句法需要而改变一个词的词形,属于句法过程,通常是词与屈折性词缀结合在一起构成词的另一种句法形式,而词的派生则属于新词产生的过程,往往通过两个不同的方法构建新词:一是改变词基的意义,二是改变词基的原有词性。两者均属于一种词汇变化过程,就是通常通过给现有的词附加派生性词缀构成一个新词。我们国内的学者林承璋(1997:152—153)尽管没有明确指明英语屈折词与派生词的区别,但在谈及语法词素(grammatical morpheme)和词汇词素(lexical morpheme)时认为,语法词素用来表达一个词与其语境的诸种语法关系,如"rivers"中的"-s"和"floated 中的"-ed"等均是语法词素,而词汇词素则是用来构建新词,如"supermarket"中的派生前缀"super-"和"supporter"中的派生性后缀"-er"等均为词汇词素。显然,在此所谓的"语法关系",实际上就是指借助词的屈折变化而实现句法关系,所谓"构建新词",就是指借助词的派生变化而达到构建新词的目的。遗憾的是,林福美(1985)、汪榕培和卢晓娟(1997)以及陆国强(1999)等学者在探讨英语词汇学时,均未曾明确谈及屈折词与派生词两者之间的区别。

众家对屈折词和派生词这两个概念的界定,尽管存在这样或那样的区别,可在本质上均认同的是:屈折词属于句法变化范畴,而派生词则属于新词构建范畴。因此,"chases、chasing、chased"均是屈折词,它们并不改变"chase"这一词的基本词义,只是因特定的句法表达需要才有这些句法变体,而像"sociable、sociably、sociability、sociableness、unsociable、unsociableness、unsociably、unsociability"这些词则均是派生词,它们既改变了"sociable"的词性,又在不同程度上改变了其词义。因此,所谓屈折词,就是指为表达句法关系在词基上附加屈折词缀所形成的词;而所谓派生词,就是指为表达新的词义在词基上附加派生词缀所形成的词。

王文斌(2001:8)指出,中外许多英语词典或英汉词典往往未曾将屈折词与派生词这两个概念作严格的区分,以至混淆不清,尤其是对英语中的派生词,即便在同一本词典中也存在混乱现象。譬如说,*Longman Dictionary of Contemporary English* 将"modern"、"modernism"、"modernistic"、"modernity"和"modernize"等派生词列为不同的词条,将"happy"、"happiness"和"happily"等派生词也列为不同的词条,然而,却将同样属于派生词的"keenness"和"keenly"一并列入"keen"这一词条,将派生词"carefully"和"carefulness"也一并列入同一词条"careful",将"carelessly"和"carelessness"也一并列入同一词条"careless"。在 *Collins COBUILD* 词典里,尽管将"care"、"careful"和"careless"列为不同的词条,可"happy"、"happiness"和"happily"却被视为属于同一个词条"happy",然而,这一词典又将"kind"、"kindly"和"kindness"列为不同的词条,却又将"carelessly"和"carelessness"均列入"careless"这一词条。在由陆谷孙主编的《英汉大词典》里,将"modernly"和"modernness"一并列入"modern"这一词条,而将"modernity"、"modernize"和"modernization"均列为不同的词条;将"happy"、"happiness"和"happily"均列为不同的词条,而又将"keenly"和"keenness"一并列入"keen"这一词条。所有这些情况,均反映出词典编纂在该问题上的随意性和不一致性,由此导致对派生词处理的混乱。我们认为,由词基加派生词缀构成的词与词基本身,两者应该是属于不同的词,因为派生词缀除在不同程度地改变了原词基的词义之外,有时还改变了词基的词性,所以在词典编纂中应该被列入不同的词条。

30. 何谓屈折词缀和派生词缀?

关于前缀和后缀这两个概念的判定,是依据词缀黏附于词基所处的位置来考虑的。若出现于词基的前部,便是前缀;若出现于词基的后部,便是后缀。从功能角度来看,词缀可以分为屈折词缀(inflectional affix)和派生词缀(derivational affix)。所谓屈折词缀,就是指为表达词的句法关系而附加的词缀,如"floors"中表示复数的"-s"、"cleared"中表示过去时态的"-ed"和"cleaner"中表示比较级的"-er"等。这些词缀无不表示句法关系。应该指出的是,英语中的屈折词缀几乎全是后缀,而不是前缀。由词基加屈折词缀所构成的词就是屈折词,词的这种构建方式在一般情况下不会导致新词的产生。而所谓派生词缀,就是指给词基添加意义并产生不同的词的词缀,如"adaptor"中的"-or"、"adaptable"中的"-able"、"adaptability"中的"-ity"和"adaptation"中的"-tion"等。由于这些词缀的黏附,如同我们在上文(本书"问题29")所谈到的各位学者的看法那样,在给词基"adapt"添加了词义之外,同时也改变了其词性,即导致了一个新词的产生。与屈折词缀皆为后缀不同,英语中的派生词缀可能是前缀,也可能是后缀,如在"irremovable"(不能除掉的)一词中,"ir-"和"re-"均是"move"的前缀,而"-able"则是后缀。同样,在"ungovernableness"(无法控制性)中,"un-"是"govern"的前缀,而"-able"则是"ungovern"或"govern"的后缀,"-ness"是"ungovernable"或"governable"的后缀,所有这些词缀均改变了原来词基的意义。需要指出的是,英语中的派生词缀有的会改变词基的原来词性,而有的却会保持其原来词性,如"green"(绿的)是一个形容词,加上后缀"-ish"之后形成一个派生性新词"greenish",但却仍然是一个形容词。如果再加"-ly",才会变成一个派生性副词"greenishly"。但是,形容词"quick"在附加上后缀"-en"之后便变成了一个派生性动词"quicken"(加快)。总之,由词基加上派生词缀所构成的词便是派生词,词的这种构建方式往往会导致新词的产生;派生词缀与屈折词缀不一样,屈折词缀往往只是表达词在句子构建中与其他词的各种句法关系,而派生词缀不是表示词在句子中与其他词的句法关系,而是表达词的一种新的词义,因而会导致新词的产生。

31. 何谓组合成分?

"组合成分"(combining form)这一术语源自《牛津英语词典》(*Oxford English Dictionary*,以下简称 OED),但 OED 对其定义语焉不详,仅指出英语词内成分,如"astro-"、"bio-"、"micro-"是"组合成分"。其实,该术语是指词内某种成分,原借自古希腊语或拉丁语,它既不是词,又不是词缀。由"组合成分"构成的词,如"biology、microscope"等,在构词法中称为"新古典复合词"(neoclassical compound)。说其"古典",是指它源于欧洲的古典语言:古希腊语和拉丁语。之所以冠以"新"字,是因为这些来源于古典语言中的词汇成分,构成了现代的欧洲语言词汇,如英语、法语等。

形态学家对"组合成分"有过很多论述,如 Adams(1973)、Bauer(1983)、Warren(1990)、Lehrer(1998)、Plag(2003)、Kastovsky(2009)等。国内对该现象关注较少,仅有李冬(1985)的论述和汪榕培(1995)的译介。对组合成分的研究聚焦于其和词缀的界限上,它们都是不能独立成词的构词成分,一般都置于词首或词尾,所以很难划清界限。"组合成分"有词首和词尾之别,OED 一开始甚至仅把词首的词内成分称为"combining form",而把词尾的称为"ending",这一做法后来基本上不被采用,但区分仍然存在,Bauer(1983)就把词首的"组合成分"称为"initial combining form",将词尾的"组合成分"称为"final combining form",借以有别于前缀和后缀。

我们认为,"组合成分"和词缀的界限主要体现于五点:一是组合成分虽是非自由词素,但它们之间可以组合成词,而词缀间一般无法组合成词。如"bio-"和"-ology"均为"组合成分",它们可以组合为"biology";二是组合成分所构成的是"新古典复合词",所以其来源一般为古希腊语和拉丁语,而前缀和后缀则一般无此特征;三是"组合成分"的语义相比于词缀而言,具有较多实义,而词缀的语义虚化程度更高。比如"socio-"和"eco-"的语义与"pre-"和"un-"相比,显然前者在语义上较为具体,而后者的语义虚化至可用功能词来替代,如"before"和"not";四是组合成分的能产性一般不如词缀高,如可以附着"eco-"的词在语义上有很多限制,而"un-"的能产性显然要大很多;五是语言使用过程中可能会产生新的组合成分,因此具有开放性,而词缀一般较为稳定,具有封闭性。比如"cyber-",从 OED 中查得,该"组合成分"在20 世纪 60 年代开始出现,到了 20 世纪 90 年代随着网络的普及,成为常用的"组合成分"。

当然,以上的五种区分并不绝对。事实上,如果不把"组合成分"局限于希腊和拉丁语来源的话,我们可以说,"组合成分"在英语中有扩大的趋势,如"in、proof、friendly、correct"等词也有当作"组合成分"来使用的态势。譬如说,英语中有大量以"in"一词为"组合成分"所构成的复合词,如"sit-in、lie-in、mail-in、sign-in、sleep-in、read-in、swim-in、live-in、be-in、love-in"等,表示"有组织的集体抗议或示威"。再如,在当下英语中大量出现了以"friendly"一词作为"组合成分"的复合词,如"customer-friendly、user-friendly、family-friendly、earth-friendly、eco-friendly"等,其词义是"具有……友好型的"。我们发现,在新的"组合方式"形成过程中,析取法(secretion)构词起了非常重要的作用,比如"Marathon"指的是马拉松跑步比赛,但以此构成的析取词层出不穷,如"walkathon"(步行马拉松)、"bikeathon"(远距离自行车赛)、"drinkathon"(喝酒马拉松)、"danceathon"(跳舞马拉松)、"talkathon"(马拉松式冗长演说)。这些析取词的出现使得"-athon"逐渐成为较为固定的组合成分,或称为"类词缀"。关于词的"析取现象",王文斌(2005)对此有较为详细的分析。关于英语中的析取词,请见本书"问题 47"。

组合成分具有较强的能产性。"astronaut"一词由组合成分"astro-"(意为 star)与"-naut"(意为 sailor)合成而来。后来西方媒体用"cosmonaut"来专指前苏联和俄罗斯的宇航员,因为俄文"kosmos"是指宇宙。而2003年我国"神舟五号"载人飞船的成功发射后,西方媒体在报道中,都使用了一个新词,即"taikonaut",专指中国的宇航员,该词是汉语拼音"taikong"(太空)和"-naut"的组合(邵斌,2008)。由此可见,"-naut"的"组合成分"具有一定的能产性。

32. 汉语有无形态?

汉语是一种孤立语,又称分析语,其主要特征是一般情况下不借助词的内部形态变化(又称屈折变化)来表达句法的作用,而是通过独立的虚词和固定的词序来表达句法意义,而且缺乏性、数、格等的形态变化。

譬如说,汉语词语在具体使用时不需要添加词缀来表明各种句法形态信息,这与拉丁语或俄语等形态丰富的屈折语形成鲜明的对比。后者的词语在具体语境中通常须加上表性、数、格的词缀才能使用,比如俄语词根"knig-"(书)一旦用于句子,就得以"knig-u"或"knig-i"等形态出现,借以表示其特定的数或格;而汉语的"书"则不需要,无论是作主格(如"书很贵"),还是作宾格(如"我爱书"),抑或单数或复数(如"一本书"或"三本书"),"书"的形式始终保持一成不变。

虽然现代汉语的词汇多数也为多音词(如"祖国"、"大家"、"阿姨"等),但是大部分词都是复合词,并非是词缀化的结果,汉语即便存在一些词缀(如"阿姨"中的"阿"、"老虎"中的"老"以及"儿子"中的"子"等),但也不同于俄语的词缀,是必不可少的形态要素。在具体语境中,"姨"、"虎"、"儿"等单用的情况也颇为多见。

当然,在有些时候,汉语词缀也必不可少。譬如说,汉语中要表示名词复数概念时,一般是凭借其量词系统来表达。如现代汉语一般不能用"三书",而要用"三本书",量词"本"是必不可少的。如果是人称代词的复数情况,则在"我"、"你"、"他"之后加上"们",会分别形成"我们"、"你们"、"他们"这样的复数形式。此外,动词的时体态也是需要借助词缀的,比如"了"、"过"、"着"这三个动词体标记词,其中"了"表示动作完成,"过"表示完成至少一次,"着"表示动作正在进行或继

(二)形态学研究中的基本概念

续。然而,这种词缀有时仍然有可以选择使用的余地,比如表示名词复数的"们",老师对着一群学生说:"同学好!"或"同学们好!"这两种表达方式无疑都可以接受,只不过后者的复数形式更为显化而已,这也说明汉语在形态方面具有弹性。再者,汉语的"们"的使用范围远不及英语的复数形式"-s"使用得那么广泛,若表达没有生命的物体,一般就不能加"们",譬如说,我们不能说"桌子们"、"椅子们"或"道路们"。其实,即便是表达有生命的事物,我们也不能在表达动物名称的名词后附加"们",如我们不能说"牛们"、"狗们"或"熊们"。由此看来,汉语中的"们",似乎只能附加于表示人类各种名称的名词之后,如"科学家们"、"农民们"和"勘察队员们"等。若要判断一个语言成分是否属于某一语言范畴,其主要准则之一就是看其是否具有普遍性。"们"作为表示复数的后缀,虽具有一定的使用范围,但依然缺少英语的复数标记"-s"所具备的那种普遍性,许多汉语语言学家认为汉语是缺少严格意义上的形态变化的语言,这也是其主要缘由之一。

随着语言的发展,汉语中也的确出现了一批词缀和类词缀,如"头"附加于动词和形容词后面,使之变成名词,如"苦头、甜头、念头、盼头"等。又比如因受语言接触的影响,汉语中有了以"性"、"度"、"化"等类后缀,如"警惕性"、"纯洁性"、"现代性"、"强度"、"高度"、"硬度"、"殖民化"、"机械化"、"西方化"等,但其构词能产性远不及英语中的"-ness"、"-ion"、"-ity"、"-ence"、"-ize"、"-ify"等后缀,其数量也不足以改变汉语作为典型孤立语的本质特征。就这一角度而言,汉语虽有一定的形态变化,但缺乏严格意义上的印欧语所具有的形态特征。

33. 汉语有词缀吗?

汉语是否有词缀?第一位涉及汉语词缀探讨的是胡以鲁(1913)。他在《国语学草创》中谈到:"体词之习用者添'儿'添'子',此在音由长音而卷舌,在义遂傅会'儿'或更转而为'子',以示昵近乎。"他同时谈到,"前"、"后"等状词附以"头"、"面"等形式词以示方位等。他还指出,这些附加成分"虽不无意义之可解,然而本义微矣"。胡以鲁的这些话涉及到了汉语词缀的一些特点:一是语义较为虚化;二是位置较为固定。但是,也有学者反对判定词缀时过分看重意义的虚化这条标准。董秀芳(2005)从词缀的性质出发,认为"确定词缀应强调的是在某一意义下的定位性和规则性。定位性是指出现位置固定,比如总是出现在词根词素的前面或后面,这是形式方面的要求;而规则性是指形式与意义之间的联系明确,也就是说,与符合某一条件的词根结合之后肯定会表达某种特定含义,这是意义方面的要求"。

汉语有词缀,前缀可分为称名的和序数的,前者如"阿姨"中的"阿"和"老弟"中的"老",后者如"第几"中的"第"和"初一"中的"初"。后缀有一般的名词性后缀和人格化的名词性后缀,前者如"架子"中的"子",后者如"记者"的"者"、"选手"的"手"。汉语的"子"是典型的词缀,有"小称词"(diminutive)范畴特征义,具有普遍性。在现代汉语中,"子"作词缀有四种类型:一是"名词 + 子",如帽子、橘子、刀子、旗子、新娘子等;二是"量词 + 子",如条子、本子、个子、份子、团子等;三是"形容词 + 子",其中又分三类:(1)形容词指人的生理特征,多含不尊重意,如胖子、瘦子、麻子、疯子、聋子、瞎子、秃子、傻子等;(2)人的小名,或饲养的狗、猫等动物的名字,如小顺子、二柱子、黑子等;(3)指事物,个别的指人,如乱子、辣子、单子、(扎)猛子、(抽)冷子、(钻)空子、(卖)关子、(业务)尖子等;四是"动词 + 子",如推子、滚子、钳子、剪子、梳子、钩子、拍子、骗子、挑子等。这四类中的各个派生词,在语义上往往都含有"个头不大"之意,大多与"小称"有关。所以,"子"作为名词后缀,小称是其词尾化的基础。

类似于"子"、"老"这样的语义虚化的词缀在汉语中并不多见,大部分都是含有一定实义的"类词缀"。该概念是1979年吕叔湘明确提出的。吕叔湘(1979)说:"汉语里地道的词缀并不很多,有不少词素差不多可以算是前缀或后缀,然而还是差一点儿,只可以称为类前缀和类后缀。……说它们作为前缀和后缀还差点儿,还得加个'类'字,是因为它们在语义上还没有完全虚化,有时候还以词根的面貌出现。……存在这种类前缀和类后缀可以说是汉语语缀的第一个特点。"这样的

"类词缀"在汉语中数量很多,如较早融入汉语的"化、性、主义",以及"反、超、次、半"等词缀,在层出不穷的科技用语和专业术语的构造方面,已显示出非凡的构词能力。汉语中频频出现的"X门",如"逃税门"、"博客门"、"抄袭门"、"车震门"、"电话门"、"艳照门"、"微笑门"、"日记门"等,其实千"门"万"门",均同出一"门",都源于美国的"水门"(watergate)事件。显然,汉语中作为类词缀的"门",均发端于英文的"-gate"。其实,吕叔湘先生的那番话,已经很好地回答了汉语中是否存在词缀这一问题。

34. 汉语中有无转类词?

所谓转类词(conversions 或 functional shifts),就是指不经过词本身的形态变化,从一个词类转化为另一个词类,从而获得另一个词类所具有的句法范畴意义。英语中的"up"和"down"通常用作介词或副词,可在特定的场合可以转类为名词,如"Her life is full of ups and downs"一句中的"up"和"down"就显然已转为名词。这类词有时也被称为零位派生词(zero-derivatives)。之所以有这一称法,就是因为无需借助形态变化达到词的转类目的。英语中存在许多词类转换,而且在许多情况下易如反掌,如:

(1) Tom is *toothing* his saw.(汤姆在给自己的锯子锉齿。)
("tooth"在此用作动词)
(2) The old woman is in the *know*.(那老妇人了解事情的底细。)
("know"在此用作名词)

汉语中到底有无词类转换,这是一个颇具争议的问题。一般说来,语言中的词转类之所以成为可能,是因为这一语言往往属于孤立语,其语言特征是通常不借助屈折语所要求的词内部的形态变化来表达句法关系。英语中的许多词能进行词类转换,是因为现代英语正朝孤立语方向发展,在许多时候词类转换无需借助词的屈折变化,如"狗皮"可以写作"dog skin",而无需写作"dog's skin"。汉语是典型的孤立语,表达句法关系无需通过词内部的形态变化,所以词类转换可以说是轻而易举,如汉语"绅士"一词在多数情况下是名词,可在"他很绅士"中,已转类为形容词;在"他绅士了一会就转过身去了"中已转类为动词。其实,词类转换不仅在现代汉语十分便利,在古代汉语似乎更加便捷,如:

(3) 名转动:驴不胜怒,蹄之。(《黔之驴》)("蹄"用作动词,表示"踢"。)

(4) 形转动:吾妻之美我者,私我也。(《邹忌讽齐王纳谏》)("美"用作动词,表示"认为……美"。)

(5) 形转名:问其深,则好游者不能穷也。(《游褒禅山记》)("深"用作名词,表示"深度"。)

(6) 动转名:殚其地之出,竭其庐之入。(《捕蛇者说》)("出"用作名词,表示"出产的东西"。)

(7) 数转动:六王毕,四海一。(《阿房宫赋》)("一"用作动词,表示"统一"。)

其实,古汉语中,许多词本身就可以兼类,如:

(8) 动与名兼类

公赐食,食舍肉。(《考叔舍肉》)(在此,前"食"为名词,表示"食物";后"食"为动词,表示"吃"。)

因此,对于汉语到底有无词类转换这一问题,我们的回答是肯定的。当然,之所以作出这样肯定的回答,是由于我们所采用的是以西方语言结构系统为参照点,因为几乎所有词的词类确定,其主要依据就是词在句子结构中的句法关系。若抛开句法关系,汉语中的许多词就难以辨明其词类,如"高兴"一词到底是形容词还是名词或动词,若脱离具体的句法关系就难以判定其词类,可一旦置于具体的句法结构,其词性就往往不言自明。譬如说,在"让我们一起高兴一下"中,"高兴"是动词;在"她的高兴就是我的高兴"中,"高兴"是名词;在"他高兴地接受了邀请"中,"高兴"起副词作用;在"他说得很高兴"中,"高兴"是形容词。再如,"曾经"通常是副词,可在"曾经的情人,就让他永远活在曾经吧"一句里,前一"曾经"起形容词作用,后一"曾经"起名词作用。因此,如果我们将汉语看作是纯粹的孤立语,具有自身的独特性,那么汉语中的词到底有无词类之分,这就很值得我们作深度的探究。若汉语根本就不存在词类之别,那么就无所谓词类的转换,毕竟词类转换往往发生于缺少形态变化的语言之中。

35. 如何开展英汉词素对比研究？

词素是语言中最小的意义单位,即集音系和语义于一身并不可再切分的语言单位。不论是英语还是汉语,均存在词素,这是因为语言皆由词素组成。词素是基层单位,通过词素可以组成词、短语、句子甚至更高层级的语言结构。如：

(1) He was careless of the consequences.
(2) 他不计后果。

句(1)由10个词素组成："he、was、care、-less、of、the、con-、sequ、-ence、-s",其中的后缀词素"-less"表示"无"之意；词素"con-"是前缀"co-"的变体,用于"c、d、f、g、j、n、q、s、t、v"等辅音之前,表示"共同"之意；根词素"sequ"表示"紧跟"；名词性后缀词素"-ence"表示"性质"。单词素词"care"与"-less"组合构成"careless",再与单词素词"of"组合构成形容词短语"careless of"。句(2)由5个词素构成："他、不、计、后、果",其中单词素词"不"与单词素词"计"构成短语"不计",单词素词"后"与单词素词"果"构成"后果"。

从句(1)和句(2)可以看出,英语句子与汉语句子均由词素构成。但是,就语言的本质而言,英语属于屈折语,而汉语则为孤立语,两者在许多方面具有个性。如在句(1)中,"consequences"一词是由4个词素组成,其中"sequ"是根词素,其他三者则为词缀词素,其中"con-"和"-ence"属派生词缀,"-s"则为屈折词缀,表示复数。而同样是表示"后果"之意,汉语则由两个单词素词构成。由此可见,英汉词素在构词行为上存在较大差异,值得对比研究,至少可以在以下几个方面

展开:

(1) 英汉词素的数量和类别差异

词素主要体现于语言中的词根和词缀。现代英语尽管有朝分析语方向发展的趋势,可在本质上依然是屈折语,词缀在构词中起作用,其主要构词方式是"词根+词缀"或"词缀+词根"。根据 Zeiger 所编纂的《英语百科》统计(引自张维友,2010:27),英语词根 359 个,前缀 107 个,后缀 79 个,总计 545 个词素。在英语中,词根可分为自由词根与非自由词根(详见本书"问题 27")两类,而自由词根又可再分为实词素与虚词素两类,如"trust"和"hang"等是实词素,表达实在意义,而"of"和"for"等则仅表达句法意义或功能意义;前缀词素绝大多数为派生性词缀,而后缀词素却可分为派生性后缀与屈折性后缀两类。

汉语词素基本上就是汉语中的字,绝大部分可用作词,即单词素词。据统计(引自张维友,2010:28),汉语有 4 990 个字构成了《现代汉语词典》中几乎所有的词。这些词素大部分属于自由词根,一般不存在非自由词根。自由词根可分实词素和虚词素两类,如"书"和"写"等为实词素,而且大多自由词根是实词素,即表达实在意义,而"阿"和"呢"等则为虚词素。汉语基本上没有屈折词缀,有些学者认为"着、了、过"是屈折词缀,表达语法意义,但我们认为,即便它们是屈折词缀,也有别于英语的屈折词缀,因为前者不具备黏附性,在多半情况下依然可以作为单词素词独立使用,而后者像"-ing"和"-ed"等屈折词缀却是黏附性的,不能单独成词。有学者认为,汉语有前缀词素,如"阿"和"老"等,但其构词能产性也远不及英语的各前缀词素。再者,汉语的词素绝大部分是单音节,类似于"玻璃"和"马铃薯"的双音节和多音节词素毕竟是少数,况且即便是双音节词,有些也是出于音系效应的考虑而组合在一起,如"踌躇"和"慷慨"等是双声词,"逡巡"和"披靡"等是叠韵词,"奄奄"和"霏霏"等是叠音词。

(2) 英汉词素的音节差异

就音节数而言,英语中的词素有单音节、双音节和多音节之分,如"-ness"和"dis-"等是单音节,"milit"(表示"战斗")和"dynam"(表示

"力量")等是双音节,"cerebro"(表示"脑")和"-osity"(表示"性质")等是多音节。应指出的是,英语中的本族语词素以单音节居多,可由于历史发展的原因,英语从其他语言借入了许多外来词素,而且多半是双音节或多音节,如"cerebro"和"-osity"均为拉丁词根。汉语中的词素绝大多数源于古汉语,借助象形、指事、会意、形声、转注、假借这"六书"来构造,而且这些词素均为单音节,即便是像"甭"和"仨"等几个少数合音词也是单音节的。

(3) 英汉词素的语义差异

英语词素的语义是单义与多义共存,即有些词素仅为一个语义,而有些词素则是多义。如"luc"和"mort"是单义,分别表示"光"和"死","-ics"和"-sub"等则是多义,前者可表示"行为"、"状态"、"体系"等,后者可表示"低"、"副"、"几乎"等。汉语词素的语义也是单义与多义共存。如"潴"是单义,表示"水的聚集";"刭"也是单义,表示"割断"。而"歧"是多义词素,可表示"岔道"、"不一致"等;"抹"也是多义词素,可表示"涂抹"、"擦"和"勾掉"等。古汉语词素似乎以单义居多,而现代汉语中常用的词素似乎以多义居多。当然,词素在汉语里绝大多数就是词。

值得讨论的是,英语词素与汉语词素的语义能一一对应者极少,其多数是部分语义对应,而部分语义却是相异。如英语"beat"这一单词素词具有"击打、殴打、搅拌、扑扇、拍落、敲奏出"等语义,而汉语的"打"却有"敲击、殴打、搅拌、修筑、捆、编织、提、舀取、买"等语义。两者比照可看出,汉语"打"只有在"敲击、殴打、搅拌、敲奏出"这四个语义方面才与英语的"beat"有语义对应,其他语义却与"beat"殊异。

(4) 英汉词素的句法差异

英语中的词素,主要是黏着词素,包括前缀与后缀、派生词缀与屈折词缀,一旦黏附于某一词基,往往就能表现出一个词在句法中的功能。如前缀"en-"是一个派生词缀,若黏附于名词性词干"cave",就构成"encave",在句法结构中具有动词功能;屈折性后缀"-ed",若黏附于一个动词,就表示这一动词在句法结构中表示过去时态、完成时态或过去分词,而且在表示这些句法概念时(不规则动词的形态除外),"-ed"是强制性的,即必不可少。然而,汉语中的词素,在很多情况下并不能体现句法关系。纵使"着、了、过"是表示时态的屈折性词缀,也并非强制性,在很多情况下其实可有可无。如"昨天我去学校的路上看到了一只藏獒"与"昨天我去学校的路上看到一只藏獒",这两句中有无"了"对表示句法关系并无多大影响。况且,若注重于时态的表达,这两句话都应该表达为"昨天我去了学校的路上看到了一只藏獒",可在汉语里这句话却又恰恰是不可接受的。诚然,汉语中的"地、的、性、被"等词素,若与某一词结合,常常能表达这个词的句法范畴,即词性。如"高兴"若与"地"组合构成"高兴地",就成为副词;"曾经"若与"的"结合构成"曾经的",就成了形容词;"现代"若与"性"结合构成"现代性",那么就成为名词;"和谐"若与"被"结合构成"被和谐",就成为动词。但是,许多情况说明,汉语词素与句法关系的紧密度并没有像英语那么密切,这恐怕是一个不争的事实。正如许余龙(2002:118)所言,与大多印欧语言相比,汉语词汇缺乏真正意义上的形态特征和形态变化。

36. 汉语中有哪些英源借词?

文化交流必然伴随着词语的借用。在汉语史上,大批外语借词进入汉语始于汉代的佛经翻译,西语借词则始于明清时期西方传教士来华传教,随之大批英源借词进入汉语词汇。英源借词可以说是中西文化交流的见证。

在汉语中,一般来说,外来词是指词义源自外族语中某词的前提下,语音形式上全部或部分借自相应的该外族语词,并在不同程度上汉语化了的汉语词(史有为,2000:4)。按照译介方式,大体可把汉语英源外来词分为以下四类:一是字母词,也叫原形借词,即借用英语的语言形式,如"CT、VCD、WTO、MBA"等;二是纯音译词,即借用英语词语的语音和语义,但读音已经改用汉字转写,如"咖啡(coffee)、巧克力(chocolate)、色拉(salad)、三明治(sandwich)"等;三是部分音译词,即音义兼译词,如"剑桥(Cambridge)、冰淇淋(ice cream)、迷你裙

(miniskirt)"等,与之类似的是,有些借词的语音形式来自英语,再加上某汉语词素构成其义素,形成了一种"借用合成词"(loan blends),如"霓虹灯(neon)、酒吧(bar)、啤酒(beer)、吉普车(jeep)、卡车(car)"等;四是意译词,将英语的词素或词借用汉语对应的词素或词译出的借译词(loan translations),从广义上来说,也是外来词,如"热狗"来源于"hotdog","隐形眼镜"来源于"contact lens","超级市场"来源于"supermarket","穿梭外交"来源于"shuttle diplomacy"等。以上四种借词其借用的程度逐渐降低,语言使用者一般不会意识到"超市"一词是外来词。

汉语外来词往往会牵涉到内部形式化。所谓内部形式,就是合成符号的语法结构和语义结构的总和。人们有时习惯用"顾名思义"的方式去发掘词义,因此在译介英语词语时,尽可能地有意拼凑,从而附会出一种内部形式,便于理解和识记,如"可口可乐"(coca cola)、"席梦思"(simmons)、"托福"(TOEFL)、"奔驰"(Benz)等。以上的音义兼译词以及纯音译词中,汉字的选择事实上都考虑到内部形式化,如果一个纯音译词不能作为普通词语被接受,就可能被另一个等值的意译词或音义兼译词所取代,如"德谟克拉西"(democracy)被"民主"所取代,"水门汀"(cement)被"水泥"所替代,"德律风"(telephone)被"电话"所取而代之。

英源外来词对汉语形态学产生了较大影响。根据郭鸿杰(2002)的分析,其影响有以下五点:一是双音节词和多音节词增加,如"幽默(humour)、高尔夫球(golf)、特洛伊木马(Trojan)、歇斯底里(hysteria)"等;二是汉语同义词组增加,如"瓦斯/毒气(gas)、卡通/漫画(cartoon)"等;三是词素化,即音译词中的某个音译字逐渐取得了独立性,原本不表意的成分被赋予了一定的意义,或者单独使用或者用于组成新词,成为一个音义结合的汉语词素,如由"巴士"(bus)产生"巴",由此演绎出"大巴、中巴"等;由"的士"(taxi)产生"的",由此演绎出"打的、的哥、的姐、摩的"等;四是词缀化,英语借词进入汉语后被重新分解成有生命力的词缀,如"度"、"性"、"反"、"准"等(类)词缀的产生可能与借词的引入不无关系;五是拉丁字母化,媒体中充斥的"OK、Windows、Email、MSN、EMS"等词语,都能证明这一点。

37. 英语中有哪些汉源借词？

词语借用是语言接触过程中的一个普遍现象。英语以开放性著称，在其发展史上曾从斯堪的纳维亚语、法语、希腊语、拉丁语等语言中借用了大量词汇。因此，笛福曾以"Your Roman-Saxon-Danish-Norman English"来指英语的"兼收并蓄"能力（引自 Svartvik & Leech，2006）。在英语的 50 万词汇中，有一小部分来源于汉语。

借词，英文称为"borrowing"或"loan word"，指的是一种语言从另一种语言或方言所借用的词语。有趣的是，该术语其实并非特别准确，因为所谓的"借"，往往需要归还，而词语借用，却在该语言中落地生根，并不需要归还。从我们所掌握的文献来看，较早对汉源借词进行探讨的有 Knowlton（1970）和 Yuan（1981），而对英语中的汉语借词的研究作出突出贡献的有 Cannon（1988）。Cannon 以"Chinese Borrowings in English"为题，整理出 979 个汉源借词。之后，Chen（1992）主要以《牛津英语词典》为文献，考察了其中的汉源借词，并将其分为 17 类。Moody（1996）探讨了汉源借词的语义场。最新的研究是 Yang（2009），他从 20 世纪 80 年代以来的英语词典中选取了 154 个汉源借词，发现最近 20 年来，汉源借词的数量和使用频率都有所增加，而且多从普通话拼音系统中借用，而不是像以往那样从粤语和闽南语中借用。国内的语言学界对该话题讨论大多集中于八九十年代。21 世纪较有影响的讨论，仅见于汪榕培（2002）的《英语词汇学高级教程》，书中有一章为"英语词汇中的汉语借词研究"。

按其翻译方法不同，汉源借词可细分为音译词和借译词。前者是音和义都借用的，比如"Tao"借自汉语的"道"；后者是通过逐字翻译从而借入词语，如"great leap forward"借自汉语的"大跃进"。根据年代发展，英语中汉源借词大体可分成三个阶段。第一个阶段是古代中国时期，从秦朝一直到明朝。这一时期中国和英美之间的直接接触不多，很多汉源借词是通过其他中介语传入英语。据记载，"silk"一词是经丝绸之路通过拉丁语和希腊语于公元 888 年进入英语的，该词来源于汉语的"丝"。来源于汉字"秦"的"China"和"sino-"也成了高度归化的(denizened 或 naturalized)英语词;第二个阶段是明朝直至19世纪末,这一时期欧美传教士来华和欧洲"中华风"的盛行促使了大量的汉语词语进入英语词汇,比如"tea"借自闽南语,此外还有"ginseng"(人参)、"chow mein"(炒面)、"kowtow"(磕头)、"litchi"(荔枝)等;第三个阶段为20世纪以来,包括民国时期和新中国时期,特别是改革开放以来,西方和中国的文化交流与日俱增,促使了词语的互借。如"wushu"(武术)、"qigong"(气功)、"chi"(气)、"kungfu"(功夫)、"tai chi chuan"(太极拳)、"jiao zi"(饺子)及"feng shui"(风水)等词语进入英语。在这一阶段,还有大量的译借词进入英语,如"Cultural Revolution"(文化大革命)、"iron rice bowl"(铁饭碗)等等。

英语新词中也常见汉源借词的影子。譬如说,新近出现的译借词"flash marriage"、"snakehead"等就来自于汉语的"闪婚"和"蛇头"。英语新词"tofurkey"是"tofu"与"turkey"的缩合,即"用豆腐做成的火鸡",是西方动物保护主义者和素食者在感恩节的食物,其中"tofu"自然来自于汉语。最有趣的当属"fu",英语从汉语借去"kung fu",最近又产生了一个新词"wire fu","wire"是钢丝绳,"wire fu"是"wire work"与"kung fu"的结合,指演员在钢丝绳的帮助下完成惊险动作。在此,"fu"在英语中获得了新的生命,已成为一个类词缀,表示"掌握某项特定技能"之意,如"cooking fu"是表示"烹调技能","math fu"是表示"数学水平","anime fu"是表示"动漫水平","Google fu"则表示"运用Google搜索获得信息的能力"(邵斌,2008:418—419)。再举一个例子,语料库语言学家W. N. Francis在1991年诺贝尔语料库语言学研究会上提到:"The existence of this symposium and the presence here of the 'Gang of Four' who have produced the latest and best grammar of English is sufficient evidence that intuition is not enough"。在此,他用"gang of four"来诙谐地统称编著《当代英语语法》(*A Grammar of Contemporary English*)(1972)巨著的四位合编者,即R. Quirk、S. Greenbaum、G. Leech和J. Svartvik,而该词无疑来自汉语"四人帮"。

（三）形态学的构词研究

38. 屈折变化与派生变化有何区别？

在形态学中，所谓屈折变化，是指词为满足不同句法关系的需要所发生的形式变化。如英语动词"drive"有四种屈折变化形式："drives、driving、drove、driven"，为表达特定的句法关系，被用来分别表示一般现在时态主语第三人称单数、进行时态、一般过去时态和过去分词。英语的名词在表示复数意义时大多也需作屈折变化，即在名词词尾附加后缀"-s"，如"mountain"（单数）变成"mountains"（复数）。形容词"bright"在特定的句法关系中为表达比较级和最高级，也需要作屈折变化，分别是"brighter"和"brightest"。所谓派生变化，是指给某一特定的词黏附词缀，借以构成新词的过程，如"tidiness"、"untidiness"、"tidily"和"untidily"均由"tidy"派生而来，"reread"和"reader"则由"read"派生而来。屈折变化与派生变化的根本区别在于：屈折变化往往是表示句法关系，一般不导致词的词义发生本质性的改变，同时也不改变词的原来词性；而派生变化通常不是表示句法关系，只是通过黏附词缀来达到改变原来词义或词性的目的。除这一本质差异之外，屈折变化与派生变化彼此之间还有其他诸种区别，现列举如下：

（1）屈折变化通常是强制性的（obligatory），而派生变化却是选择性的（optional）。如英语中的动词"arise"，若表达一般过去时态，就必须使用"arose"这一屈折变化来表达，可对于像"unscientific"这样的派生变化，我们却可以采用另一种表达方式,如"not scientific"。

（2）屈折变化通常不能借用一个短语来取代,而派生变化却常常可以借用简单的词来替代。如"John is taller than William"中,"taller"这一屈折变化无法借用另一个简单的词来取代,可像经派生变化而产生的副词"carefully"却可以借用"with care"这样的介词短语来替代。

（3）屈折变化通常表达相对抽象的意义,而派生变化却常常表示相对具体的意义。如英语动词"give"的屈折变化"given",表示完成时态或被动语态,在语义上较为抽象,可像"teach"的派生变化"teacher"在语义上却是比较具体的。

（4）屈折变化在语义上通常是有规则性的,而派生变化在语义上却可能不具备规则性。如英语形容词"large"的比较级屈折变化"larger",其语义是有规则的,可"submarine"（潜水艇）、"subcontinent"（次大陆）、"subnormal"（低于正常的）、"subservient"（屈从的）这些经派生变化而来的词,尽管其前缀均为"sub-",其语义却表现出较大的不规则性,"submarine"中"sub-"是表示"在……下"之意,"subcontinent"中的"sub-"是表示"级别低"之意,"subnormal"中的"sub-"是表示"差一些"之意,"subservient"中的"sub-"是表示"受控制"之意。

（5）屈折变化是不可重复的,可派生变化则可以。如在英语中,若规则动词表示一般过去时,那么就附加屈折词缀"-ed",若想表达过去的过去,却不能使用重复性词缀"-eded";可派生变化却不一样,其派生词缀是可以重复的,如英语中的"post-post-classical"、南非语中的"kind-jie-tjie"（a little little child）以及德语中的"Ur-ur-ur-großvater"（great-great-great-grandfather）。

39. 英语词内部主要有哪些构型?

汉字①的构型,有独体字、合体字、上下结构、上中下结构、左右结构、左中右结构、内外结构、半包围结构等,而英语词的内部结构却不像汉字,其组成方式主要是呈线性结构。若是一个单词素词,那么就将字母从左到右进行横向排列;若是一个多词素词,那么就将各词素从左到右,进行横向组合。有些词的结构方式是前缀加词根,有些是词根加后缀,有些是前缀加词根再加后缀,有些是前缀加前缀再加词根,等等。现将英语词几种常见的结构方式列举如下:

(1) 前缀 + 词根,如:

pre- + dict → predict
(前)(言)(预言)

(2) 前缀 + 前缀 + 词根,如:

pre- + com-②+ pos → precompose
(前)(共同)(置)(预先组成)

(3) 词根 + 后缀,如:

gastr + itis → gastritis
(胃)(炎症)(胃炎)

(4) 词根 + 后缀 + 后缀,如:

---

① 汉语中,"字"与"词"不是同一个概念。"字"是单个的汉字,而"词"是由词素构成的能独立充当句子成分的最小语言单位。单音节词写出来就是一个汉字,双音节词写出来是两个汉字。"字"和"词"虽有明显不同,但有重叠之处。英语没有"字"的概念,而只有"词"的概念。关于汉语"字"与英语"词"的区别,在此暂不作讨论。

② 前缀"com-"是"co-"的一个变体。其实,"co-"共有五个变体,它们是"col-"、"com"、"con-"、"cor-"和"co-"。在字母"l"之前用"col-",如"collocate、collaborate"等;在字母"b"、"p"和"m"之前用"com-",如"community、combine、compete"等;在字母"n"、"c"、"d"、"f"、"g"、"j"、"q"、"s"、"t"和"v"之前用"con-",如"connect、concourse、condense、confirm、congenial、conjoin、conquest、consolidate、context、conversation"等;在字母"r"之前用"cor-",如"correlation"等;在其他任何字母之前用"co-"。

(三) 形态学的构词研究

liter + -al + -ize → literize

（文字）（形容词后缀）（动词后缀）（照字面解释）

(5) 前缀 + 词根 + 后缀，如：

il- + liter + -ate → illiterate

（不）（文字）（人）（不识字的人）

(6) 前缀 + 词根 + 后缀 + 后缀，如：

ex- + curs + -ion + -ist → excursionist

（外）（出行）（名词后缀）（者）（远游者）

(7) 前缀 + 前缀 + 词根 + 后缀，如：

im- + pro- + vid + -ent → improvident

（无）（预先）（看）（形容词后缀）（无远见的）

(8) 前缀 + 前缀 + 词根 + 后缀 + 后缀，如：

un- + pre- + ced + -ent + -ed → unprecedented

（无）（前）（行）（名词后缀）（形容词后缀）（前所未有的）

(9) 前缀 + 词根 + 词根，如：

tri- + gon(o) + metry → trigonometry

（三）（角）（测量学）（三角学）

(10) 词根 + 词根 + 后缀，如：

febri + fer + -ous → febriferous

（热）（产生）（形容词后缀）（生热病的）

(11) 词根 + 词根 + 词根 + 后缀，如：

oto + rhino + laryngo + ology → otorhinolaryngology

（耳）（鼻）（喉）（学）（耳鼻喉科学）

(12) 词 + 词，如：

school + bag → schoolbag

（学校）（包）（书包）

(13) 词 + 词 + 后缀，如：

nanny + state + -ism → nanny-statism

（保姆）（国家）（主义）（保姆式国家政策）

不论英语词的结构方式如何复杂,但至少有两点却是肯定的:一是词缀不可能仅与其他词缀组合来构建一个词;二是在一个词中,不论有多少个词素,其中的词根始终会起中心词义的作用。

40. 英语构造新词有哪些方法?

当下社会,许多新词应运而生,用来表达各种不断涌现的新事物和新观念。有人说,今天出版的词典到明天就会过时,因为词典永远无法穷尽不断出现的新词。我们在此将简要介述英语新词构建较为常见的12种方法(对于其中一些,我们认为还需要较详细介述的方法及其他一些方法,如析取法、复合法、缩略法、首字母缩拼法、逆成法、回溯法、新古典复合法等,我们将在本书中另外进行探讨):

(1) **创新法**。所谓创新法(coinage),就是指不借助现存任何形态成分创造新词。以这种方式创造的新词在现代英语中尽管数量不多,但也不乏其例,如:

zombie(木讷呆板的人)、umpteen(无数的)、pizzazz(华丽)、bumph(手纸)、gimmick(小发明)、hippie(嬉皮士)、yobbo(小无赖)、nitty-gritty(基本事实)、spiv(不务正业的人)、splitvill(将正式离婚的夫妇)、nellie(同性恋者)等。

(2) **派生法**。所谓派生法(derivation),就是指借助派生词缀黏附于词基来构建新词。这种构词法极具能产性,在现代英语里不计其数,如:

mistake(错误)、anti-abortionist(反对堕胎者)、pro-choicer(赞成堕胎者)、misanthropy(厌恶人类)、solarium(日光浴室)、telemechanics(遥控力学)、geophone(地音探测器)、bibliophilist(书籍爱好者)、philanthropy(爱人类)、psywar(心理战)等。

(3) **类比法**。所谓类比法(analogy),在此就是指从两个或两个以上的词的某些相类的构形,推断出在其他构形上也有可能相同或相似的一种推理方法。譬如说,英语中有许多词是由"词+后缀"构成,如"careful"和"useless"等就分别是由"care + ful"和"use + less"构建而成,人们从中似乎看到了英语单词"landscape"(风景)的构词方式也是由"词+后缀"构就,即由"land + scape"组构,遂而类比出许许多多的新词,如:

parkscape(公园景色)、windowscape(窗景)、bridgescape(大桥景色)、coastscape(海岸景色),nightscape(夜景)、skyscape(空中景色)、hillscape(小山景)、campusscape(校园景色)、streetscape(街景)、harbourscape(港口风景)、woodscape(树林景致)、forestscape(森林景致)、valleyscape(山谷景色)、townscape(市镇风貌)、villagescape(村庄风貌)、countryscape(乡村景色)等。

再如,人们从"sputnik"(前苏联人造地球卫星)类比出:

beatnik(颓废的一代)、computernik(电脑迷)、druzhinnik(义警)、filmnik(电影迷)、folknik(民歌迷)、jobnik(工作迷)、no-goodnik(饭桶)、peacenik(和平分子)、sicknik(沉溺于恐怖幽默的人)、boatnik(水上人家)、citynik(都市迷)、goodwillnik(捧场人)、jazznik(爵士乐迷)、moonnik(月球卫星)、protestnik(凡事抗议的人)等。

(4) **缩合法**。所谓缩合法(blending),就是指在从两个单词中各截取一部分之后将这两个部分缩合在一起构建一个新词。这种方法不同于复合法。复合法是将两个或两个以上的单词组合在一起,而缩合法是仅将两个单词的一部分融合在一起。如:

motel ← motor + hotel   liger ← lion + tiger
smog ← smoke + fog   arcology ← architecture + ecology
shoat ← sheep + goat   brunch ← breakfast + lunch

chunnel ← channel + tunnel   heliport ← helicopter + airport

(5) **截短法**。所谓截短法(clipping),就是指仅保留原来词的一部分,其余部分均省却。由于现代生活节奏的加快,这种方法在非正式或随意性的谈话和写作过程中显得既省时又省力,因而在现代英语中这种方法用得较为普遍,如:

  demo ← demonstration mini ← miniskirt
  pub ← public house porn ← pornography
  exam ← examination gym ← gymnasium
  mike ← microphone perm ← permanent wave

需要指出的是,在截短法中,除以上截短原词的尾部(back clipping)之外,还有其他三种方法:截短原词的首部(front clipping),如"versity ← university"、"chute ← parachute"等;截短原词的首部和尾部(front and back clipping),如"flu ← influenza"、"tec ← detective"等;截短原词的腰部(syncope),如"idolatry ← idololatry"、"curtsy ← courtesy"等。有些词,既可截短首部,也可截短尾部,如"helicopter",其截短词既可以是"heli",也可以是"copter"。

(6) **首字母缩凑法**。所谓首字母缩凑法(abbreviation),就是从一个短语中取出各单词的首字母来构建一个新词,其发音有两种方式,一是根据各字母发音,如"BBC"="British Broadcasting Corporation";"VOA"="Voice of America"。确切地说,这种首字母缩凑法可以称作首字母连写法(initialism);二是根据各个词的首字母的拼音方法读音,如"AIR",读作/εə/,指"All India Radia";"ROM",读作/rɔm/,指"read only memory",这种首字母缩凑法从严格意义上讲,应叫做首字母缩拼法(acronym)。现在我们再来看看其他首字母缩凑法的例子:

Yuppies = Young Urban Professionals（都市职业青年）

Guppies = Gay Urban Professionals（都市同性恋职业青年）

Puppies = Pregnant Urban Professionals（有身孕的都市职业妇女）

AIM = air intercept missile

radar = radio detection and ranging

Y2K = year two thousand

NOW = National Organization of Women

MAP = Military Aid Program

CORE = Congress of Racial Equality

(7) **转类法**。所谓转类法（conversion 或 functional shift），就是指将一个词原来所属的词性转变为另一种词性。这种构词方法的特点就是无需借助词缀来实现词性的转换。由于英语词尾屈折的基本消失，这使得将词的一种词性转变为另一种词性变得十分容易，而且这种构造新词的方法在现代英语中变得越来越普遍，如：

Don't *sir* me so much.

He *thumbed* the pages of a book.

This is a *must* for English majors.

The stream *snaked* its way.

I cannot *stomach* his insult.

(8) **逆成法**。所谓逆成法（back-formation），就是指切除某个词中被臆断的后缀来构造一个新词。这种方法与词缀法恰好相反，词缀法是附加词缀来构造新词，而逆成法却是剪除一个词中不是后缀而被误认为后缀的词尾部分，如：

televise ← television   aggress ← aggression

diagnose ← diagnosis   sightsee ← sightseeing

enthuse ← enthusiasm　　cose ← cosy
destruct ← destruction　　automate ← automation

(9) 专有名词转用法。所谓专有名词法(proper name),在此是指将原本属于专有名词的词变为普通用词。这种构造新词的方法在现代英语中也变得越来越普遍,这主要是因为某些专有名词逐渐被人所熟知而变得家喻户晓,被人赋予了普通的意义,如:法国人 Louis Braille 创制了借用凸点符号供盲人书写和摸读的文字符号体系,这种文字符号体系现就称作"braille";"hoover"(真空吸尘器)原本是美国真空吸尘器制造商 W.H.Hoover 的姓名,以后成为这一产品的商标名,然后逐渐演变为这种产品的名称;"Waterloo"是 1815 年拿破仑军队溃败之地,现引申为"惨败"之意,如"meet one's waterloo"意指"遭到惨败"。其他例子如下:

mesmerism(催眠术)、pasteurize(对……进行消毒)、nylon(尼龙)、fahrenheit(华氏温度计)、mercerized(对……进行丝光处理)、silhouette(剪影)、atlas(地图册)、maverick(未打过烙印的牲口)、cologne(科隆香水)等。

(10) 外来词借用法。外来词借用法(borrowing),就是指借用他国语言中的词语,以表达新事物或新思想。随着全球经济的一体化,各国之间的往来日益频繁,借用外来词来构建新词这一现象在现代英语中已变得十分普遍。宽泛地说,英语借用外来词主要有四种方法,如:

1) 舶来词(alians):macho(雄赳赳的)、fiancée(未婚妻)、mirage(海市蜃楼)、vis-à-vis(面对面的谈话)、blitz(闪电战)、naive(天真的)等。

2) 归化词(denizens):autoroute(快速公路)、uncertain(不确定的)、ungracious(粗野的)、conspicuous(显著的)、megadeath(百万人死亡)、macrostructure(宏观结

构)等。

3) 仿译词(calques):"black humour(黑色幽默)< 法语的 humour noir"、"found object(拾获物)< 法语的 object trouvé"、"it goes without saying(毫无疑问)< 法语的 ça va sans dire"、"by heart(凭记忆)< 法语的 par cœur"、"at all costs < á tout prix"、"a running dog < 汉语的'走狗'"等。

4) 语义借用词(semantic borrowing):"gift"(礼品)在古英语里意为"the payment for a wife",后从斯堪的那维亚语的"gift"一词中借用了"present"之意;再如,"dream"(梦)在古英语里意为"joy or music",后从斯堪的那维亚语的"drām"一词中借用了"an idea or image present in the sleeping mind"之意。"foul"这一词原先表示"clean"或"fair"之意,后从荷兰语中借用了"dirty"的意思,由此引申出"无耻的"或"不正当"之意。

(11) 析取法。所谓析取法(secretion),就是将词中的某一部分臆断为词素成分而析出,经与其他构词成分组合,借以构建新词。如"literati"(文人,精于读写的人)原本就是一个单词素名词,早在1621年就在英语中使用,可人们将其臆断为一个派生词,被离析为"lite-"(文学或精于读写)和"-rati"(擅长某项事物或活动的精英人才)两个部分,其中,"-rati"被析取出来,成为析取成分,与"glitter"组合便构成"glitterati"(影视名流)。同时,"-rati"还与其他词组合构成"digerati(数字文人)、chatterati(名嘴精英)、geekerati(计算机领域的精英)、fashionrati(时尚精英)等。再如,从意大利语"pararazzi"(狗仔队)中析取"-razzi",构成"peoplerazzi(业余狗仔)、rumorrazzi(谣言捕捉者)、snaparazzi(菜鸟狗仔队)等词。

这种新词构建与其他新词构建方法相比,在现当代英语中尽管为数不多,可也不容忽视,我们将对析取词问题再作进一步的介绍。

(12) 复合法。所谓复合法(compounding),就是指将两个或两个以上能够独立使用的单词组合在一起,构成一个具有特殊意义的新词。这种方法在现代英语中极为常用,产生了成千上万的新词,具有很强的生成能力,如:

greenbelt(绿色地带)、knowhow(技术)、visual-pollution(视觉污染,如广告等)、round-the-clock(连续12小时)、people-out(人群消灭)、videophone(电视电话)、know-nothing(无知的人)、earthrise(地出)、videotape(录像带)、single-bar(独身者酒吧)等。

其实,复合构词法并不是现代英语的专利品,早在古英语时期就有复合词的出现(Barber,1994:121),如表示"literature、arithmetic、grammar、astronomy"等词的,分别是"bōccræft"(book-skill)、"rīmcræft"(number-skill)、"stæfcræft"(letter-skill)和"tungolcræft"(star-skill),只是在现代英语里,这种构词法变得更为普遍。

值得指出的是,以上12种英语新词构建法中,最为常见的要数派生法、复合法和转类法。

41. 回溯词是怎样一种词?

"回溯词"是一种特殊的复合词,其内在结构往往为"定语+中心语"组合,其构成手段是在一个旧词前加一个原本没有必要的修饰语,从而形成一个新词。如英语新词"paper book"(纸质书或纸板书),乍看给人有累赘之感,因为众所周知,"book"一般是由"paper"制成,所以"paper"在此似乎是冗余。但是,该词产生的动机主要是为了与"e-book"(电子书)形成对比。"纸质书"或"纸版书"的说法在十几年前是没有必要的,有累赘之嫌,但随着电子书的普及,这种区别就变得有必要了。截至 2012 年 8 月的最新数据表明,"p-book",即"paper book"在 Google 中已有 257 万频次,汉语的"纸质书"则有近 400 万频次。

这类复合词在语言中不断出现,于是有了一个术语来指称这类组合:"retronym"(回溯词)。该词由拉丁词缀"retro-"(即"backwards",意为"回归、回溯")和希腊词"onuma"(即"name",意为"名")粘合而成。据网络百科全书维基百科(Wikipedia)的介绍,该词最早由美国传媒界人士 F. Mankiewicz 在 1980 年创造,而进入大众视野则是由于《纽约时报》专栏作家 W. Safire 的宣传。Safire 认为,回溯词的本质是对一个熟悉的词加以限定,以提示该词已不是"最新版"了。在 2000 年,第四版的《美国传统词典》就已收录了此词。我们将其译为"回溯词"。已有国内学者对回溯词作了介绍,如邵斌(2006:185—187;2008:309—311);张建理和邵斌(2010)从认知语言学角度对该类词语在语言演变中的作用进行了研究。

回溯词的出现显然与近半个世纪科学技术的发展有关。以计算机领域为例,为了与"desktop computer"(台式电脑)相区别,于是有了"laptop computer"(手提电脑)。为了与"computer programming languages"(计算机语言)相区别,人类的语言被称为"natural languages"(自然语言)。我们似乎可以预见,随着电视电话会议和网络会议的普及,传统上的会议也许得称为"face-to-face meeting"(碰面会)。

其次,回溯词的产生可归因于现代物质和文化生活领域的变迁。譬如说,自"fast-food restaurant"(快餐店)和"take-out restaurant"(外卖店)普及之后,提供餐桌服务的饭店被称为"sit-down restaurant"(堂吃的饭店)。咖啡的口味一多,原先的口味就得称为"regular coffee"(原味咖啡)。在教育领域,"literacy"原本是指"读写能力",可随着其他各种能力的提出,如"media literacy"(传媒素养)、"computer literacy"(计算机素养)等,单"literacy"一词就无法用来明确表达"读写能力"了,需改称为"text literacy"(文本素养)才行。

回溯词的基本结构为"定语+中心语",其中的定语可称为"回溯修饰语"(retronymic modifier),此语符的出现可标示回溯性(retronymy)的形成。根据所包含的不同修饰语,回溯词大体可分为以下五类:

(1) 本原描述指称型:回溯词对本原物体进行详述以区别于新物品。例如发明了"electric guitar"(电子吉他)后就用"acoustic guitar"(声学吉他)来与之相区别。这类回溯修饰语依其具体物品而定,很难对这类修饰语的语义内容作出具体预测。

(2) 序列指称型:添加"I、Senior、the Elder"等来表示时间上较早出现的人或事。例如有了与早先"William"同姓的另一皇帝之后,前者就称为"William I",后者则称为"William II"。类似的例子有,"World War I"和"World War II"以及汉语中的"老布什"与"小布什"这类称谓。

(3) 回归指称型:添加"conventional、classic、traditional、real、regular、natural"等来表示"常规的、传统的、准则的、自然的",以指称那些已经被新物品大体取代或被显著补充的旧事物,如用"conventional oven"(传统炉子)来区别"microwave oven"(微波炉)。

(4) 重复指称型:回溯修饰语重复中心语,以强调其本原特性。例如用"book-book"表示跟"e-book"相对的纸质书;用"volunteer-volunteer"指称跟有报酬的志愿者不一样的"真正意义上的志愿者";用"wood-wood"指称"真正用木头做的而不是铁制的高尔夫球杆"。

(5) 否定性指称型:以对相关新事物加以否定来指称原本物品。譬如说,由于对大豆实施生物技术处理而产生"transgenic soybean"(转基因大豆)这一新品种,而人们又对这种产品的安全性起疑时,"non-transgenic soybean"(非转基因大豆)就应运而生,用来表示原来的自然品种。这种对新产品进行否定的回归方式也出现在网上广告的"non-ebook"(非电子书)上。这种修饰由于使用了否定而具有强烈的回溯性。

回溯词之所以重要是因为它揭示了语言演变过程中,语义范畴变化的规律。"笔"作为书写工具,最早是以"毛笔"形态存在的,所以在中国古代,"笔"所指的就是"动物的毛制成的书写工具",无需说"毛笔"。直到现代,随着"钢笔、铅笔、圆珠笔"等笔的形态多样化,我们不得不在"笔"之前加上原本不需要的修饰语:"毛"。"毛笔"这一回溯词的形成昭示了"笔"的外延的扩大、语义的变化,以及认知世界里的原型范畴的迁移。

42. 缩略词有哪些类别?

所谓缩略词(shortening),就是把词的音节省略或简化而形成新词。这种词由于结构简单、示意清楚、使用方便,已成为各种语言重要的构词方法之一。由于语言种类不同,缩略词在不同语言中的结构型式不尽相同。我们在此仅对英汉语中的缩略语作简要的介绍和分类。

英语中缩略词形式繁多,主要有两种类型:截短词和首字母缩凑词。所谓截短词,是指仅保留某个词的一部分,其余部分被截去,如"laboratory"截为"lab"、"advertisement"截为"ad"、"aeroplane"截为"plane"。虽然截短词的词义与原词的词义一致,不会发生语义上的变化,但在文体上存在差别。一般而言,截短词常常见用于非正式场合。所谓首字母缩凑词(如在"问题 40"中所言),就是指从一个短语中取出各单词的首字母来构建一个新词。需要指出的是,首字母缩凑词可再分为两个子类,即首字母连写词(initialism)和首字母缩拼词(acronym)。所谓首字母连写词,是指从一个短语中取出各个单词的首字母所形成的新词,如"DUI"(driving under the influence)和"ABC"(American Broadcasting Company);所谓首字母缩拼词,就是指将从一个短语中所取出的各个单词的首字母拼读成一个词,如"NATO、SARS、DINK"被分别拼读为/ˈneɪtoʊ/、/sɑːz/和/dɪŋk/。

有的缩略词还可以和其他词连用,例如,"e-book"代表"electronic book"、"h-bomb"代表"hydrogen bomb"、"V-day"代表"victory day"(胜利日)。另有一种特殊的缩略语是运用字母和数字谐音来构成的,构成了很多语言游戏,在网络中尤其盛行,如"ICQ"来自"I Seek You",

"Q4U"则缩略自"Queue for You","B2B"是"business-to-business"的缩略,"F2F"表示现实生活面对面的交流(face-to-face),"MMHA2U"则是"My Most Humble Apologies to You"(我对你表示最诚挚的道歉),"TLK-2-U-L-8-R"是"Talk to You Later"(过一会再跟你聊)的缩略,"U2"是"You Too"的谐音。最经典的要数"2B or not 2B",是"To Be or Not to Be"的缩略,表示"要还是不要?"这句经典的哈姆莱特之问,其书写方式在网上被大伙善意肢解了,写成"2B or not 2B, that is the?"(邵斌,2006:1—3)。

汉语缩略词与英语的缩略词构成方式不尽相同,大致可分为缩合式、节略式、数字式等几大模式。所谓缩合式,是指原短语可分拆成两词或几词,紧缩掉各词的部分而把所保留的部分粘合在一起。如"科技"指"科学技术"、"德智体"指"德育、智育、体育"、"民警"指"人民警察"、"北大"指"北京大学";所谓节略式,是指把原短语中的部分删去,而直接保留其余部分,如大学校名中的"复旦"是指"复旦大学"、"清华"是指"清华大学";所谓数字式,是指把原语的几部分共有的成分抽取出来,然后在其之前标上与原构成项数相等的数字,这在汉语中使用频繁,如"五讲四美三热爱"、"三民主义"等等。

缩略词因其经济性很容易被其他语言借用。汉语中的英语缩略词越来越多,如"CPI、CCTV、MBA、NBA、GDP、4S 店、3C 认证"等等,以至于 2010 年,国家广电总局要求所有媒体禁止使用不规范的英文缩略词。中央电视台也要求电视转播中尽量屏蔽英文缩略词,而使用中文全称。孰是孰非,此处暂不评论。语言发展有其自身的特点,不由人为因素决定。外来缩略语能够在语言交流中占有一席之地,是由其自身特性决定的,"SARS"战胜了"非典"就是很好的例子。

43. 何谓逆向首字母缩拼词?

英语中有一种特殊的首字母缩拼词已引起学界的关注。Lodwig 和 Barrett(1973:50)在其著作 *Words, Words, Words* 中提到:"二战以来,首字母缩拼词大量涌现,且流行把缩拼词拼成和一个既有的词一样,并且在语义上有所联系。"书中举了"JOBS"的例子,该词是"job opportunities for better skills"的首字母缩拼。汪榕培(1997:77)对此也曾有过论述,近年来,首字母缩拼词出现了一个有趣的现象,人们有意或无意地把首字母缩拼词拼写成与现存词相同的样子,并借助其读音。

这类有趣的首字母缩拼词在英语中日益增多,于是就有了一个专门的新词来形容这类有趣的缩拼词,即"backronym"。该词是"back"和"acronym"的拼缀,表示逆向的首字母缩拼词。通常情况下,"acronym"都是原形(短语)出现在前,缩拼产生于后,而"backronym"构词过程则是逆向的,缩拼出现在前,原形产生于后。邵斌(2006:13—16)对该构词法做了介绍和研究。

首字母缩拼词产生的原因是语言的"经济效率原则"。而"backronym"更是把语言的经济性发挥到了极致,如"Acquired Immune Deficiency Syndrome"这一短语冗长难记,低效且不经济,于是便缩写成"AIDS",碰巧又是原先英语中已有的词,记起来方便多了。

有一些"backronym"是造词者故意写成与现存词一样,这类"backronym"的出现就不是简单地出于对语言的"经济效率原则"的考虑,而是具有特殊的修辞效果。譬如说,"GASP"(气喘)一词又是"Group Against Smoke and Pollution"(反吸烟、反污染组织)的缩拼,令人联想到在大气污染下拼命喘气,通过原义来暗示和强调该缩拼词的含义,这样一来,该词就有了并行不悖的双重含义,一语双关。

"backronym"可用作口号标语,如美国快餐店 Arby's 在 20 世纪 80 年代初打出的广告是"America's Roast Beef, Yes Sir!"。该广告的首字母缩拼词恰好是快餐店名字——Arby's。"KISS"所代表的"Keep It Simple Stupid"(尽量简单)则成了许多程序设计和网站开发者所追求的目标,大家竞相去"亲吻"这个 IT 领域的最高境界和理念。*TIME*(《时代》)杂志曾用"Today Information Means Everything"(今天信息就是一切)作为广告标语。该标语的首字母缩拼就是 *TIME* 本身。2012 年公益广告创意《爱的表达式》登陆央视荧屏,该广告把"FAMILY"一词巧妙解读为"Father and Mother, I Love You"的首字母缩拼,这也是逆向首字母缩拼。

很多组织机构也巧妙运用"backronym"来暗示和强调其功能职责，如"AID"是"Agency for International Development"（美国国际开发署）的缩略，可以让人联想到"开发需要帮助"之意；"FIST"是"Fugitive Investigative Strike Team"（追捕逃犯的调查突击队）的缩拼，这样的突击队当然是"重拳出击"。而"PEN"是"International Association of Poets, Playwrights, Editors, Essayists and Novelists"（国际笔会）的缩拼。之所以选择"PEN"作为缩拼，是因为这些人创作都离不开"笔"。

更多时候，"backronym"所引起的是相近的联想，产生幽默的效果，让人忍俊不禁。如"ADAM"（亚当）成了"Androgen Deficiency in Aging Males"（老年男性的荷尔蒙缺损）的缩拼，表示男性更年期。更为有趣的是，美国前总统 Bush 也被人调侃成"Beat Up Saddam Hussein"（打倒萨达姆）的首字母缩拼词。这些词一语双关，令人赞叹造词者匠心独运，妙语惊人。

综上所述，英语"逆向首字母缩拼词"的实质就是借一个既有的词的词形，来表达一个新的含义，是"旧瓶装新酒"的过程，借旧形表新义，因此属于一种"借形缩拼词"。这种借形缩拼词在汉语中也很常见，如"白骨精"如今成了职场上"白领、骨干、精英"的缩拼。"白骨精"作为《西游记》中的人物形象已家喻户晓，有着广泛的熟知度，其词形与词义有着约定俗成的密切联系，而作为"白领、骨干、精英"的缩拼词的"白骨精"这一新义则是新人新事，不为人们所熟知和了解，但由于它们的同音同形关系，在人们阅读理解的一刹那，两种意义同时被激活，并在短时间内迅速对正常的认知心理进行整体性的颠覆，使人乍觉在意料之外，细想又在情理之中，之后恍然大悟。将短语变成音义结合体，再将其通过联想变成记忆储存在旧词语音里，借显著语词的语音形式来激活不显著语词的语义所指，这是"借形缩拼词"的特殊读取方式。

44. 缩略词流行的社会原因何在？

缩略词是折射社会发展的一面镜子。社会已处于信息全球化、经济一体化的时代,整个社会生活的节奏不断加快,这就必然要求语言交流提高效率。语言对此做出的一个积极反应,就是在词汇系统中对词进行缩略,进行自我调节。正如徐国庆(1999:287—288)所指出的,缩略词是精确表义的社会需要与提高信息传输率的社会需要矛盾对立的结果,这是现代汉语近十几年来缩略词大量涌现并广泛使用的社会原因。事实上,早在改革开放初期,人们就敏感地意识到缩略词对于信息传播的重要性。陈原(1983:325)曾指出,由于现代社会生活节奏的加快,语言接触引起的一个新问题,也就是缩略词问题。因为社会生活节奏快,以至于在某些场合要采取符号(非语言的记号)来传达信息。缩略词就是把必要信息浓缩到在接触的一瞬间就可立刻了解的程度。……把必要信息压缩为语言符号,那就是缩略词。

我们不妨看一下(1)中包含的缩略词:

(1) 我是外院大四学生,毕业后可能考研,考清华北大或者北外,或考 G、考托,要不去外企、国企或私企工作。

应该说,(1)这段话的语义是明确的,所传输的信息是有效的。我们如果将其中的缩略词都换成全称,便会成为(2):

(2) 我是外国语学院大学四年级学生,毕业后可能考研究生,考清华大学、北京大学或者北京外国语大学,或参加美国研究生入学考试,或参加检定非英语为母语者的英语能力考试(即托福),要不去外资企业、国有企业或私有企业工作。

(2)这段话的字数是(1)的两倍多,但语义表达反而不如前者清晰,由此可见缩略词使用的经济性和高效性。

缩略词不仅体现了语言的经济性,同时也能反映出社会上人们的求新、求变、求异的心理。2005年超女流行以来,"PK"已成为中国媒体常用的缩略词。该词源于网络游戏,是"player killing"的缩写,指游戏玩家的对决,"PK"即为"对决"或"单挑",但之后媒体都用"PK"来取而代之。如有媒体报导:"德国大选今日投票——'平民老板'PK'铁娘子'"。网上有人感叹:生活中处处都有二选一的例子,人生何处不

"PK"？生命因"PK"而精彩。"PK"的流行与其说是求简，不如说是人们求新求异的社会心理的表现。

这就无怪乎缩略词在网络世界和即时通讯领域最为泛滥。D. Crystal 在 2008 年出版的新书 *Txtng: The Gr8 Db8* 里，所讨论的就是手机短信的语言，该书名心裁别出，其实是对"texting：the great debate"的缩略形式。书中有一段手机缩略词的例子（Crystal, 2008：25），我们在此标为（3）：

(3) My smmr hols wr CWOT. B4, we used 2go2 NY 2C my bro, his GF & thr 3 :-@ kids FTF. ILNY, it's a gr8 plc.

若（3）按正常英语表述，可以表征为（4）：

(4) My summer holidays were a complete waste of time. Before, we used to go to New York to see my brother, his girlfriend and their three screaming kids face to face. I love New York. It's a great place.

在缩略词的使用方面，汉语的网络语言也毫不逊色。据 2004 年某日的《长春日报》报道，长春市安阳小学一名 11 岁学生写了这样一篇《字母+汉字》的大杂烩日记，我们在此标为（5）：

(5) 昨晚，我的 GG 带着他的恐龙 GF 到我家来吃饭。在饭桌上，GG 的 GF 一个劲儿地对我妈妈 PMP。

（5）若按正常汉语表述，可以写为（6）：

(6) 昨晚，我的哥哥带着他的难看的女朋友到我家来吃饭。在饭桌上，哥哥的女朋友一个劲地对我妈妈拍马屁。

45. 何谓流俗词源？

词源学是研究词的形式和意义来源的学科。它研究词的来历，弄清其旁系隶属语言中同源词的词义和词形，据此力图构拟出其最古的形式和意义。但是，由于年代久远，词的理据剥落，对每个词追本溯源并非易事,于是就出现了一种新的词源学研究,它着眼于词语的语音词形和其他词语的相似,不考虑语音的历史发展,也不注重词形语义的实际演化过程,而是往往牵强附会地推测其词源,从而形成被著名语言学家 Saussure(1959:174)所称的"多少有点近于乱弹琴,结果弄得牛头不对马嘴"的词源解释,这就是流俗词源学。

据最新研究表明,1821 年,德国学者 J. A. Schmeller 首次提出了"Volksetymologie"一词,为流俗词源概念之肇始。英语把它直译为"folk etymology",另外还有"popular etymology、false etymology、associative etymology、joke etymology"等译名。从传统语文学角度来考察英语词汇流俗词源的,当推 19 世纪都柏林大学的 A. S. Palmer 教授。他在 1882 年编撰了一部 600 多页的流俗词源词典。这本词典的引言开头就把"Folk Etymology"定义为"大众使用词语或误用词语对词形和词义造成的影响",并认为它一般指"由于对词语的构成的蒙昧无知或把它与人们误以为有关的词语进行类比从而使得词语发生讹变"(Palmer,1882:i)。

真正从语言学的角度来考察流俗词源的,是现代语言学之父 Saussure,他在《普通语言学教程》(*Course in General Linguistics*)一书中设专章来阐述这一问题。流俗词源现象被定义为"把难以索解的词同某种熟悉的东西加以联系,借以作出近似的解释的尝试"(Saussure,1959:173—176)。结构主义语言学的奠基人 Bloomfield(1997:522)在其名著《语言论》(*Language*)中也谈到流俗词源现象。他认为这是一种"类推变化",是"一个不规则的或语义上隐晦的形式,被一个结构更正常和含义较明确的新形式替换了——虽然后者往往有点牵强附会"。

21 世纪以来,国外的语言学和词汇学专著对该问题论述得更为细致。美国学者 Harley(2006:92)在其专著中以"'错误'造词:逆成词和流俗词源"为专节对此进行了介述,认为错误的词法结构分析来源于流俗词源和逆成词(back-formation),并认为逆成词实质上是流俗词源的一个小类。这无疑给流俗词源的研究带来新意。英国学者 Brinton 和 Traugott(2005:83—84)在其专著中则认为,流俗词源是"反词化"

(anti-lexicalization),因为词化的过程是"使得语言有整体性、隐性和不规则性",而流俗词源却使其"具有可分析性、显性和可分解性"。

至此,我们可以在此给流俗词源下一个定义:一个语词,或因年代久远而词源消失,或因从别的语言借入,其形态和语义结构变得模糊不清,人们往往想当然地从音、形、义等角度来重建其词源结构,从而造成许多讹误,之后,该流俗词源词在口头或书面语中大量流传,渐渐成为规范化的语言现象,也就是该词的词源得以重新定型。

流俗词源现象的产生往往基于联想。在遇到发音和词形相似的词时,人们习惯将它们联系在一起,根据词语表面的相似,赋之以新的形态理据,但这种新的理据往往不是历史的真实理据,而是联想理据。这种无意或有意联想主要是基于词形和语音的相似或词义的关联,据此可以把流俗词源分为以下两种:

第一类是无意造成的流俗词源。这是典型的流俗词源现象。当一个词因年代久远,或因从别的语言借入,其形态和语义结构模糊不清,人们自然而然地会根据自身的知识对其进行重新分析(reanalysis),例如"mushroom"(蘑菇)一词来自法语"moucheron",原本与英语的"room"(房间)毫无关系,但在借用时,人们将其与"room"相联系,该词从而变成"mushroom"。"cockroach"(蟑螂)来自西班牙语"cucuracha",但人们由于对该词头不熟悉,把它改成形近于"cock"(公鸡)的英语词,其实,该词原本与"cock"没有任何关系。

第二类是故意造成的流俗词源。这是非典型的流俗词源现象,是人们明知该词的词源并非如此,却故意曲解其词源,有意地创造"流俗词源"来传达自己的话语目的。对文字游戏的爱好导致了许多此类流俗词源新词的产生,如英语新词"heaven-o"是代替"hello"的招呼语,一些宗教狂热主义者认为"hello"一词中含有"hell"(地狱)之意,因而有必要将其改为"heaven-o"。其实,在词源上"hello"与"hell"毫不相关,"hello"是"hallo"的变体,原先是用来叫唤船夫的。另一个有趣的例子是美国华尔街巨骗马道夫(Bernard Madoff),其姓"Madoff"被人戏谑为"mad off"(疯狂结束)。这种都是故意"误解"词源,从而达到某种语用目的的例子,流俗词源应用之广,由此可见一斑。

46. 逆成词有哪些类别?

逆成法(back-formation)是英语构词法的一种类型,该术语是 J. Murray 于 1887 年创造的,它与派生法的构词过程正好相反,即把一个词类似于词缀的部分截去,而形成一个与原词词类不同的新词,由此形成的新词叫做逆成词。如"televise"是由"television"删去"-ion"逆成而成,是先有名词"television",后来才有动词"televise",是人们将"television"中原本不是后缀的"-ion"误认为后缀,所以才逆成了"televise"。由此可见,逆成词往往产生于人们对词的错误判断。有些简单的词尾恰巧与某些后缀一模一样,人们误认为它们是派生词,就去掉词尾,形成一个新词,这类逆成词就是流俗词源的一个典型。最常见的就是词尾"er"、"or"和"ar",常被人误认为是表示"者"之意的后缀,如"hawker、editor、beggar"等简单词都被人误以为与"worker"构词一样,被去掉词尾,生成了动词"hawk、edit、beg"。最为极端的例子是"laser",该词是"Light Amplification by Stimulated Emission of Radiation"的首字母缩凑,跟后缀"-er"原本毫无瓜葛,但还是被误读,由此逆成出动词"lase"。

除了"er、or、ar"之外,以"ion"结尾的抽象名词也容易被去掉后缀,逆成出相应的动词,如:

原词	逆成词
intuition	intuit
aggression	aggress
emotion	emote
destruction	destruct
automation	automate

复合动词的生成很大程度上也可归结于逆成法。根据其原词的特点,又可将其分为三类:第一类是以"er"或"ing"结尾的复合名词,其结

构一般为"N+V+er/ing",且名词为动词的受事,如"bookkeeper、air conditioner、babysitter、housekeeper、stage manager、firefighter、word-processer、lip-reading、house hunting"等,这些词逆成为"book-keep、air-condition、babysit、housekeep、stage-manage、firefight、word-process、lip-read、house hunt"等;第二类也是"N+V+ing"结构,但其内在的句法关系是"动词+介词短语",如"spring-clean、daydream、sleepwalk、chain-smoke"等均逆成为"spring-cleaning、daydreaming、sleepwalking、chain-smoking",但在这些原词中,其名词处于介词短语结构,充当状语,如"daydreaming"意即"to dream during day","sleepwalking"意即"to walk in sleep";第三类则是复合形容词逆成复合动词,如"spoonfeed、fast-freeze、handpick"均逆成为"spoonfed、fast-frozen、handpicked"。

有时,被误读的屈折变化也会带来逆成词。有些单数名词原本就带有"s"结尾,容易被误解为名词的复数词,去掉其复数形式"s",逆成为一个被误认为单数名词的词。典型的例子是"cherry"和"pea"这两个逆成词。"cherry"来自于古法语词"cherise",后者被错误地解读为"cherry"的复数词。再说"pea"一词,其原初的书写形式是"pease"或"peas",本来是一个不可数名词,但人们误以为是复数,于是去掉其词尾,逆成为"pea"。

作为英语构词法的一种,逆成法与派生法、复合法、转类法等相比,显然不是一种重要的构词法。此外,逆成词的接受性也需要使用者持谨慎态度,若使用不当,容易被视作单词错误拼写。据《牛津英语词典》的记载,"aggress"和"intuit"早在1575年和1776年就出现了,但至今也不怎么常用。有些逆成动词虽然已被大众接受,但是其屈折变化仍被视为不规范的英语,如"sightsee、housekeep、daydream"等词虽被接受了,但是下列句子仍被视为是不规范的:

(1) *Jane sightsaw.

(2) *We housekept.

(3) *I daydreamed all afternoon.

(三) 形态学的构词研究

由此可见,逆成词是需要谨慎使用的。

47. 何谓英语析取词?

析取,是指某一特定词形中的某一部分被人们臆断为词素成分而析出。所谓析取词,就是指经析取而产生的臆断性成分与其他词或成分组合所构建出的新词。如英语中的"delicious"原本是一个单词素词,可人们从中臆断性地析取出"-licious",借以表示"美味的、有趣的、宜人的"之意,构成如"applelicious、bootylicious、bearlicious"等析取词。邬菊艳和王文斌(2010)指出,析取词主要分为以下三类:截断型、转移型和截短型。这三种不同类型的析取都是因为估推(abduction)在词法结构的横组合层面发挥作用,并通过重新分析机制而衍生新创结构。新创结构一旦被析取,便成为析取成分。类比在析取结构的纵聚合层面发挥作用,使得析取成分具有能产性。同时,类比思维又是估推发挥作用的诱发因素,是析取现象发生的原动力。因此,类比思维是基础,估推是根本,重新分析是手段,三者彼此交互作用,导致英语构词析取现象频繁发生。现在我们来谈谈析取词的三种不同类型。

所谓截断型析取,就是指析取成分源于原本不可分解的单词素词被截成几个部分而生成的新创结构,该析取成分仅保留原词的部分语义。英语构词的最常用方法之一是派生法,即"词+词缀"或"词缀+词"或"词缀+词+词缀"。以派生法构建出的派生词,在英语中难知其数,因此,派生法在英民族的认知心理上具有极高的认同性。看到某个双音节或多音节词时,观察者很容易拿派生法与之比拟,于是臆断出该词是由某个词附加上词缀组合而成的结论。虽然这个双音节或多音节单词原本是一个单词素词,但其臆断性结论是该词由某个词和词缀组合而成,与平时所观察到的派生法构词现象相容不悖,由此臆断词的某一部分是一个词缀。这是一种估推的逻辑推理模式。因建基于这种估推心理,在观察者的认知心理上原本为单词素的词被臆断为派生词,其底层结构被重新分析,增加了边界的划分,原不可分解的单词素词被截断成"词+词缀",由此产生新创结构。这一新创结构被假想为词素而被析取,便成为析取成分。譬如"Frankenstein"原是科幻小说中的一个人名,是"摆脱创造者的控制并最终毁灭其创造者"的代名词。显然,这是一个专有名词,属于单词素词,但经语言使用者的估推,被截断成"Franken-"和"-stein"两部分,其中,新创结构"Franken-"被剥离出来成为析取成分,表示"转基因的"之意。若与"food"结合便构成"Frankenfood",指"转基因食品"。

所谓转移型析取,是指析取成分源于原派生词的词法边界发生转移而产生的新创结构,该析取成分也仅保留原词的部分语义。王灿龙(2005)认为,重新分析从根本上说是人们在接受语言编码后进行解码时所进行的一种心理活动,人们不是顺着语言单位之间本来的语法关系来理解,而是按照自己的主观臆断所作出的另一种解释。由此,原有的结构关系在人们的认知世界中遂变为另一种结构关系。拿 ABC 这样的词法组合来说,假如其本来的结构关系是(AB)C,那么经重新分析后,其结构关系可能变为 A(BC),其中,构词单位 A 或(BC)就可能成为因重新分析而产生的新创结构。转移型析取正是由于原派生词中构词成分间边界划分发生转移而生成新创结构,经析取便成为析取成分。如"hamburger"原表示"在德国 Hamburg 这个地方售卖的一种小馅饼,即'Hamburg steak'",此词由词干"Hamburg-"和词缀"-er"构成。被引入英语后,语言使用者将"hamburger"中的音节"ham-"与英语单词"ham"(火腿)视为等同关系,受估推心理驱使,得出此"ham-"即彼"ham"的结论。由此,"hamburger"底层结构被重新分析,边界划分发生转移,即由"hamburg-er"改变成为"ham-burger"。其中,新创结构"-burger"成为析取成分,并且构成各种各样的"X-burger"。早在 1971 年,就有人做了一个统计,发现由"-burger"构成的新词竟达 185 个之多。词义也由原来的夹牛肉馅面包扩展到各种馅、形状、大小、特性等的夹心面包,如"cheeseburger、pizzaburger、oliveburger、peachyburger、nutburger、doubleburger、baconburger、raisinburger、nothingburger、superburger、Californiaburger、Justrite Burger"等。

所谓截短型析取,是指析取成分源于被析取词的某一部分,但析取成分的语义仍保留原词的完整语义。我们认为,这种类型的析取也是基于人类的估推心理,并通过重新分析机制完成。在现实生活中,人们往往根据所熟悉事物的部分来推测该事物本身,譬如说,只看到一段弧线就可推测这是一个圆。同样,受语言经济原则的驱使,人们观察到某个完整的单词时,往往自然会联想到可以其部分替代其整体,并得出单词中的某个或几个音节组合可以替代整个单词的结论,这也是出于一种估推的认知心理。由此,单词的底层结构被重新分析,包括部分音节的消失、不同音节之间的融合或重新组合,新创结构也由此而产生。新创结构一旦被析取成为析取成分,便可用来代表该词的完整语义。如从"panorama"中析取其后部的三个音节"-orama"表示"全景",并构成如"weborama、forestorama、1998-orama"等词。这种类型的析取较前两类更加主观随意,若被析取的成分与业已存在的词素不相重合,即没有受到心理词典中已有词素的阻塞(blocking),那么任何形式的析取似乎都有可能。如人们从"business"中析取"biz-",构成"biz-forum、biz-China、biz-guide"等词。

值得一提的是,截短型析取从表面上看与词汇学中的缩短词极为相似,两者都是将较长的词截去一部分,并且都保留了原词的完整语义,但两者仍然具有明显区别。缩短词如"refrigerator"可缩短成"fridge"、"perambulator"可缩短成"pram"之后,"fridge"和"pram"均可独立成词,但是,析取成分一般不能独立成词,并且它们与其他构词成分构成新词时往往表现出极大的能产性,而缩短词并不具备作为词缀的构词能力。

48. 何谓复合词的递归性?

递归性(recursiveness 或 recursion)是生成语言学术语,指的是生成句子或结构时能重复应用的规则(Crystal,2008:405)。该概念的重要性在于递归性是解释语言创造性的主要手段:通过这种手段,可用一组有限的规则生成无限多的句子集合。其实,词的复合过程也是一个递归过程,由两个词基构成的复合词可以与另一个词基组合形成新的复合词,而该复合词又可以与新的词基组合,由此反复,可以生成非常复杂的复合词,如"paper towel dispenser factory building committee report"虽含有七个词基,但仍可看成一个复合词。如果我们把该词理解为"纸巾机厂的建造委员会的报告",则该词的结构可以用如下树形图来表示:

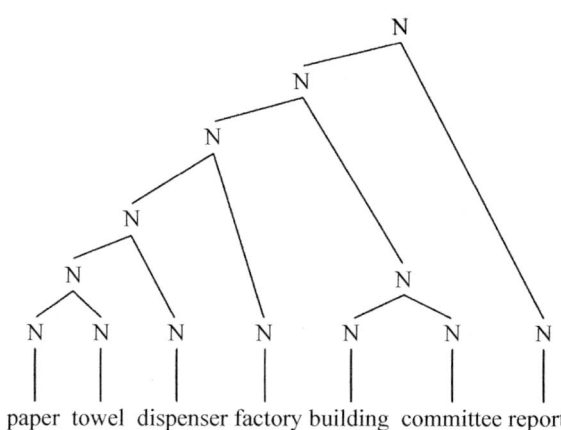

由此可见,复合过程可以递归运用,这样就可以构建很长的复合词,因此递归性是语言创造性的源泉之一。递归性是一种普遍原则,同样适用于汉语。我们来看看"中国新闻发言人制度"一词的生成:发言—发言人—新闻发言人—新闻发言人制度—中国新闻发言人制度,由此可以管见递归原则的普适性。有学者提出,递归性是语言的根本属性。钱冠连(2001)曾谈到:"语言必须走这条路:运用有限的语言手段创造出无限的句子。事实上,一个人绝对没有能力在一个语篇中说一句话变换一个新的句式且无穷地变换下去。他只能大量地重复相同的句式。所以递归性是语言的根本性质之一,这是语言的经济原则在起作用,反映了人的求简天性。"事实上,Humboldt早就说过:"因为语言是大脑的一种能力,讲话人才能运用有限的语言手段创造出无限的语言行为。语言之所以为语言——手段有限而表现无限的语言,就是因为有了结构上的递归性"(转自钱冠连,2001)。尽管以上所谈的是

(三) 形态学的构词研究

关于句子的生成,但事实上也适用于复合词的生成。譬如说,英语的"low"和"carbon"连在一起可以构成复合词"low-carbon",我们若运用递归性可以构建出"low-carbon diet、low-carbon life、low-carbon economy、low-carbon technology"等系列"低碳复合词"。其实,汉语中也有各种低碳复合词,如"低碳经济"、"低碳生活"、"低碳社会"、"低碳出行"等等。

49. 英语复合名词内部有哪些句法关系?

英语复合名词的内部结构十分复杂,可由多种词性构成。然而,复杂并不等于杂乱,依然有规律可循。有学者认为,复合名词的第一成分可以由任何词性充任,而第二成分却常常由名词充任(林福美,1985:133)。王文斌(2001)通过对大量复合名词的搜集和分析,发现复合名词的组词能力很强,其第二成分可以是名词,也可以是动词、动名词或副词等,如:

名词 + 名词: skylab、schoolbook、hairbrush
动名词 + 名词: reading-room、smoking-car、drinking water
形容词 + 名词: darkroom、blueprint、double talk
动词 + 名词: breakwater、pickpocket、cut-throat
现在分词 + 名词: glowing-worm、hummingbird、flying-fish
过去分词 + 名词: televised-interview、repeated-offender、undeclared war
名词 + 动名词: slave-trading、handwriting、bedmaking
副词 + 动词: outlook、income、outbreak
动词 + 副词: count-down、fall-out、set-back

根据复合名词的诸种构型,我们至少可以分析出以下各种内在的句法关系。

(1) 名词 +名词

这类复合名词内在的句法关系较为复杂,大致有四种:

1) 主宾关系

   bloodstain —— The blood [causes] stains.
   toy factory —— The factory [produces] toys.

2) 主表关系

   soapbox —— The box [is] for holding soap.
   hairbrush —— The brush [is] for hair.

3) 同位关系

   woman doctor —— The doctor [is] a woman.
   oaktree —— The tree [is] an oak.

4) 所属关系

   houseroof —— The roof of a house.
   garden wall —— The wall of a garden.

（2）动名词 + 名词与现在分词 + 名词

这两类复合名词在构型的表象上似乎一致，均是"动词 + ing + 名词"，可其内在句法关系却截然不同。一是由"动名词+名词"构成的复合名词，其内在的句法关系一般是主表关系，其内在的语义关系也很不一样，如：

smoking-room —— The room is for smoking.

而由"现在分词+名词"构成的复合名词的内在句法关系则存在主谓关系，而且常常表示事物正在进行某种行为，如：

sleeping-baby —— The baby is sleeping.

二是在"动名词+名词"这种复合名词里，名词是表示某一事物，而动名词是表示这一事物的用途，蕴含着一种事物与用途之间的语义关系，包孕着一个被动语态结构，如：

washing-machine —— The machine can be used for washing.

但在"现在分词+名词"构成的复合名词里,名词表示一种事物,而现在分词则表示这一事物的行为,包涵着主动语态结构,其中的名词是施事,如:

> hummingbird — The bird can hum.

(3) 形容词+名词

这类复合名词一般比较直观,第一成分的形容词就是第二成分的名词的修饰语,起限定或修饰名词的作用。若分析其内在的句法关系,便可发现,这类复合名词包含着主表关系,如:

> darkroom — The room [is] dark.
> gentleman — The man [is] gentle.

(4) 动词+名词

这类复合名词包含着动宾关系,动词则一般为及物动词,而名词表示这一动词所表示的动作的对象,如:

> pickpocket — a person who picks pockets
> cutthroat — a person who cuts throats

然而,"动词+名词"所组成的复合名词偶尔也存在着主谓关系,即名词是表示行为的发出者,而动词是表示这一事物的行为,如:

> rattlesnake — The snake rattles.
> hangman — The man hangs criminals.

(5) 过去分词+名词

这类复合名词与"形容词+名词"这类复合名词一样,也比较直观。第一成分虽是过去分词,但已转化为具有被动意义的形容词,对作为第二成分的名词起限定或修饰的作用。所不同的是,在"形容词+名词"这类复合名词里,其形容词是表示该名词所代表的事物的性质或状貌,而在"过去分词+名词"这类复合名词中,过去分词尽管也表示该名词所代表的事物的性质,可一般是表示一个动作或行为作用于该名词的状况或方式,如:

finished products — The products are finished.

simulated pearl — The pearl is simulated.

（6） 名词+动名词

这类复合名词的内在句法关系较为复杂，一般有两种：一是动宾关系，即作为第一成分的名词充当作为第二成分的动名词的宾语；二是作为第一成分的名词是第二成分的动名词的状语。属于前者的动名词一般保留着及物动词的性质，而属于后者的动名词一般保留着不及物动词的性质，如：

housekeeping — to keep house

handwriting — to write by hand

（7） 副词+动词

这类复合名词的构词能力尽管不强，可在现代英语中也为数不少。一般而言，这类复合名词都有相应的动词词组，而且其动词多半是不及物动词，如：

outlook — to look out

upstart — to start up

（8） 动词+副词

这类复合名词在多数情况下是由动词与副词所组成的动词短语构成，而副词对动词所表现出的行为起描述的作用，如：

lookout — to look out

setback — to set back

正如前文所言，复合名词比较复杂，以上列举也并非穷尽了其所有的内部句法关系。有时"动词+动词"也会构成复合名词。邵斌和王文斌（2012）就发现，情态动词"must"就可以与其后的动词连用，从而构成一系列名词，意为"必不可少的东西"，如"must-have"、"must-visit"、"must-see"、"must-read"等等。

（三）形态学的构词研究

50. 英语复合形容词内部有哪些句法关系？

英语复合形容词结构灵活、善变，因其构词能力强而极具生成能力，而且广泛见用于科技文体中。从结构上看至少可分以下九类：

(1) 名词+现在分词：peace-loving、breathtaking、life-giving、labor-saving
(2) 名词+过去分词：snow-covered、heart-felt、weather-beaten、man-made
(3) 副词(名词)+现在分词：hard-working、long-suffering、night-working、far-reaching
(4) 副词(名词)+过去分词：newly-invented、well-formed、highly-developed、town-bred
(5) 形容词+形容词：red-hot、dark-blue、deaf-mute、bitter-sweet
(6) 名词+形容词：paper-thin、ice-cold、world-wide、snow-white
(7) 过去分词+副词：made-up、grown-up、broken-down、worn-down
(8) 介词+名词：overhead、underground、overspeed、underproof
(9) 形容词+现在分词：pleasant-looking、good-looking、fresh-smelling、soft-sounding

根据复合形容词的构型，我们可以发掘诸种内在的句法关系。

(1) 名词+现在分词。 这类复合形容词的内在句法关系比较简单，往往是一看便知，是一种动宾关系，作为第一成分的名词是作为第二成分的现在分词的宾语。作为第二成分的现在分词在内在意义上依然保留着动的性质，而且这类动词肯定是及物动词，其名词是受事，书写这些词时常加连字符，如：

food-producing —— to produce food
joy-bringing —— to bring joy

(2) 名词+过去分词。 这类复合形容词是由"名词+过去分词"构成。名词表示工具或行为的主体，过去分词则表示某种行为

或状态的被动形式。这类形容词的构词能力同样很强,常常被用来构建新词,书写时通常加连字符,如:

> sun-burned — to be burned by the sun
> gas-heated — to be heated by gas

(3) 副词(名词)+ 现在分词(过去分词)。这类复合形容词是由"副词或名词+现在分词或过去分词"构成,其内在的句法关系是"动词+状语"。假若第一成分是名词,这名词也同样起状语作用。这里的现在分词和过去分词的明显差异有两点:一是现在分词一般表示主动,而过去分词一般表示被动;二是形式是现在分词的动词一般都是不及物动词,而形式上是过去分词的动词一般都是及物动词,如:

> fast-growing — to grow fast
> highly-developed — to be developed highly

需要指出的是,在现代英语中,有一个明显的倾向是,作为第一成分的副词如果有相应的形容词,则常常以形容词的形式出现,如:

> new-built — to be newly built
> clean-cut — to be cleanly cut

(4) 形容词+形容词。这类复合形容词比较简单,两个形容词组合依然起形容词的作用,在具体句子中既可作定语又可作表语。这种复合形容词的内在句法关系有时属并列关系,在语义上往往起表述的作用,如:

> British-American — British and American
> deaf-mute — deaf and mute

但这类复合词有时却具有修饰和被修饰的关系,即第一成分修饰第二成分,第二成分一般表示颜色,第一成分表示这一颜色的各种细微差别及其强度,其内在的句法关系属主表

关系,如:

> light-gray — The gray [colour] is light.
> black-brown — The brown [colour] is black.

(5) **名词+形容词**。这类复合形容词,就其内在的句法关系而言,主要有两种,一是表示比较关系,一般可用"as ... as ..."这一句子结构来表现,其名词本身在语义上就是用来描写其他事物的,如:

> blood-red — as red as blood
> life-long — as long as one's life

(6) **过去分词+副词**。这类复合形容词源自相应的动词短语,其意义也常常可由那些相应的动词短语的意义引出,有些动词短语本是及物的,而有些则是不及物的。不论怎样,当动词变成过去分词后,均可组合成复合形容词,如:

> to close down a shop — a closed-down shop
> The snow melts away — the melted-away snow

(7) **介词+名词**。这类复合形容词的内在句法关系是"介词+宾语"。一般说来,是将一个介词及其宾语直接组合,其间常常不用连字符。用于这类复合词的介词以"over"和"under"居多,其语义往往表示某物所处的位置,如:

> overground — over the ground
> undersurface — under the surface

(8) **形容词+现在分词**。这类复合形容词的内在句法关系是"动词+补语",也有人称这种结构为系表结构。以现在分词形式出现的动词一般表示味觉、听觉、视觉和嗅觉,如:

> delicious-tasting — to taste delicious
> high-sounding — to sound high

tired-looking — to look tired

需要指出的是,有一类复合形容词是派生的,这类复合派生形容词大多带有后缀"-ed"。从结构上看,这类词有三种:一是"形容词+名词+ed",如"red-haired、short-sighted、bald-headed"等;二是"名词+名词+ed",如"eagle-eyed、lion-hearted、honey-mouthed"等;三是"数词+名词+ed",如"one-eyed、two-winged、three-legged"等。这些复合派生形容词构词能力极强,通常用于描述事物的外部特征,如颜色、大小、形状等。

51. 英语复合动词内部有哪些句法关系?

英语复合动词的数量发展于19世纪末20世纪初,但与复合名词和复合形容词相比,复合动词的数量相对较少。从现有复合动词的构型看,主要是通过名词、形容词或副词等与动词结合而构成以下五类:

(1) 名词 + 动词:daydream、jaywalk、hand-carry
(2) 形容词 + 动词:blindfold、shortchange、freewheel
(3) 副词 + 动词:outdo、overcut、underline
(4) 动词 + 动词:dripdry、spindry、hitchhike
(5) 动词 + 名词:showboat、singsong、testmarket

现就复合动词的这些构型,分别简要讨论其内在的句法关系。

(1) 名词 + 动词。这种复合动词内在的句法关系主要有三种:

1) 动宾关系:hamstring — to string the ham
      fire-watch — to watch fire

在这类含有动宾关系的复合动词中,其第一成分往往是动词的宾语,是受事,与处于第二成分的动词构成动宾关系。

2) 主谓关系:handcarry — The hand carries something
      sunburn — The sun burns something

(三)形态学的构词研究

在这类含有主谓关系的复合动词中,其第一成分可能是施事,是动作的发出者,第二成分是表示施事发出的行为。另一种可能是,第一成分不是施事,而是表示作为第二成分的动词实施某种行为的工具或途径,如"hand-carry"一词也可以理解为"to carry something by hand"。

3) 动状关系:tape-record —— to record by means of tape

winterfeed —— to feed in the winter

从以上这些词例可以看出,在具有动状关系的复合词中,第一成分尽管是名词,可往往表示作为第二成分的动词所要实施行为的地点、时间或方式。

(2) 形容词 + 动词。这类复合动词的内在句法关系可以表现为"动词 + 状语",其语义关系可以表现为动词实施行为的方式、结果、程度、目的及伴随状况等。主要有两种:

1) 动词 + 方式状语:deep-freeze —— to freeze deeply

crashland —— to land crash

在这一种复合动词中,作为第一成分的形容词往往表示动作所表现出的方式。

2) 动词 + 目的状语:safeguard —— to guard so that someone or some place is safe

whitewash —— to wash in order to make something white

在这一种复合动词中,第一成分尽管往往是形容词,可往往表现出动作的目的性,起状语作用。

(3) 副词 + 动词。这类复合动词的内在句法关系与语义关系同以上的"形容词 + 动词"所构成的复合动词类似,也是"动词 + 状语"。其中,作为状语的第一成分的副词多为"out、over、under、back、cross、up"等,用来修饰动词,表示范围、程度、方位、时间等。

1) 第一成分以"out"作为副词的复合动词,往往表示动作的范围或程度,如:

outlive — out + live

outrun — out + run

2) 第一成分以"over"或"under"作为副词的复合动词,往往表示动作的程度,如:

overawe — over + awe

overburden — over + burden

underestimate — under + estimate

understate — under + state

3) 第一成分以"back"作为副词的复合动词,往往表示动作的方位或时间,如:

backpedal — back + pedal

backdate — back + date

4) 第一成分以"cross"作为副词的复合动词,常常表示动作的方式,如:

cross-refer — cross + refer

cross-index — cross + index

5) 第一成分以"up"作为副词的复合动词,常常表示动作的方向,如:

uptilt — up + tilt

uprise — up + rise

(4) 动词 + 动词。这一类复合动词在英语中的确存在,但数量不多。这说明以"动词+动词"的复合动词的构词力不强。一般情况下,这类复合动词的第一成分与第二成分有一种动作先

后发生的顺序,往往表示动作的目的,如:

> kick-start — to kick to start
> press-forge — to press to forge

(5) **动词 + 名词**。这类复合动词数量也不多,其内在的句法关系和语义关系比较明朗,一般表示动宾关系,名词表示动词所表示的动作的对象,如:

> hoodwink — to hood a wink
> slipstitch — to slip stitches

上述五种复合动词在构成成分方面均有动词作为第一成分或第二成分。其实,除了这些构型之外,复合动词还可借助其他复合词词性的转变来构成复合转类动词。这种复合动词的数量应该说是无限的,只要语言表达的需要,很多其他词性的复合词都有可能会转变为复合动词,如:

名词 + 名词:mastermind、floorlight、sidetrack、spotlight
副词 + 名词:outlaw、outwit、backspace、backtrack
形容词 + 名词:shortcircuit、wisecrack、cold-shoulder、sweet-talk
介词 + 名词:upend、bypass、downhill、downstage
副词 + 形容词:outsmart
感叹词 + 感叹词:pooh-pooh(对……嗤之以鼻)

关于这些复合动词,我们在此不再详述。

52. 英语复合词有哪些内在语义关系?

迄今为止,关于英语复合词的内在语义关系,学界聚讼纷纭,令人是非难辨。之所以会出现这种众说纷纭的局面,其主要缘由是:英语复合词看似简单,似乎只是几个单词的组合,可事实上不仅其内含的句法关系复杂(我们可以从本书的"问题49、50和51"中窥视其繁复之一斑),而且其语义关系也十分错综,若不深入细究,便难以厘清其头绪。

Miller(1991:118)对此作了不懈努力,从语义角度对英语复合词的内在语义关系进行了梳理和归纳,共总结出英语复合词所内蕴的9种语义关系:

(1) 因果关系(cause): tear gas、sleeping pill
(2) 所有关系(have): bull's eye、writer's cramp
(3) 组成关系(make): rainwater、daisy chain
(4) 使用关系(use): waterwheel、steam chain
(5) 性质关系(be): whitecap、target site
(6) 所处关系(in): house cat、country club
(7) 用途关系(for): ashtray、fish pond
(8) 来源关系(from): fingerprint、sea breeze
(9) 相关关系(about): tax law、book review

然而,若再作深入发掘,我们便不难发现,Miller 的这九种罗列远未穷尽英语复合词所包含的诸种驳杂的语义关系,其真面目尚未得到淋漓尽致的显露。基于 Miller 的研究,我们对英语复合词所内孕的诸种语义关系再进行了认真的耙梳,发现至少还存在以下五种语义关系:

(1) 同位关系(apposition): woman doctor —— The doctor [is] a woman.

　　killer whale —— The whale [is] a killer.

(2) 并列关系(coordination): British-American —— British and American

　　deaf-mute —— deaf and mute

(3) 比较关系(comparison): snow-white —— as white as snow

　　blood-red —— as red as blood

(4) 时间关系(time): nightwork —— The work [is] at night.

　　day-dream —— The dream [is] in the day-time.

(二) 形态学的构词研究

(5) 手段关系(means): airmail — The mail [is] by air.
　　　　　　　　　　hand-pump — The pump [is operated] by hand.

语言中的语义问题,仿佛是宇宙中的黑洞,深不可测。复合词所包蕴的诸种语义关系,是语言语义复杂性问题的一个缩影。我们在此对Miller的九种划分所补充的五种,充其量也只是对学术深化的一种尝试,谈不上已尽显英语复合词诸种语义关系的真相,囊括涵盖于复合词中的一切语义关系。此种尝试,无非是想表明,英语复合词所内孕的诸种语义关系是一个极其错综复杂的问题,其复杂程度远远超出我们的想象,因此,在平时的使用、研究或教学时,需要加以特别的关注。

53. 英语名—名复合词中独立框架与复合框架有哪些认知关系?

所谓名—名复合词,就是指由两个名词组合而成的复合名词,其型式为"N+N→N"。根据框架语义学理论,能表达完整概念意义的词均具有独立的语义框架。名词作为实词,所表达的是人、事物或抽象概念,因此,一个名词就是一个概念,一个概念就是一个独立的语义框架。在概念意义组合过程中,名词往往以其独立的语义框架表现出极强的概念意义组合能力,可根据语义表达的需要加以组合。正因语义框架具有独立性,且其语义框架的组合具备可操作性,框架复合才成为可能。

名—名复合词在固化为复合词之前,一般是名词短语,其复合看似具有一定的随意性,可每种构型均是概念语义框架的重新组合,其组合的概念能表达更为复杂的概念(王文斌,2005:281)。周先武和王文斌(2010)发现,英语名—名复合词中独立框架(independent frame)与复合框架(compound frame)之间关系复杂,大致可归纳为六种类型,现作一一阐述。

一是本义复合型。这是指独立框架与复合框架均未借助隐喻或转喻而发生语义转移,其复合框架语义属简单合成(simple blending)。如

"bookstore"即为"book"框架与"store"框架的复合。存在级阶（scale）的名—名复合词同样如此，如在"house door"、"door hinge"、"hinge screw"中，"house"提供了"door"的空间范围，"door"提供了"hinge"的空间范围，"hinge"提供了"screw"的空间范围，依此类推，其复合框架义属于本义复合型。

二是隐喻作用下的复合框架语义部分偏离型。这是指复合框架中任何一方因隐喻而发生语义变化而另一方则保持语义不变时，其复合框架的语义会发生部分偏离。在此有两种情形：一是当 N_1 发生框际转移而 N_2 却保留本义时，其复合框架的语义发生部分偏离。如"anchor"本义为"锚"，但"anchor store"这一复合框架是指"大型卖场中最吸引人潮的主要零售店、超级店铺等"，其中的"anchor"框架经复合后其隐喻义得到突显，意指"事物的依靠、支柱等"，其语义框架的本义发生了框际转移；二是 N_1 保留本义，而 N_2 却发生语义框际转移，其复合框架的语义也随之发生部分偏离。如在"phone tree"（电话联系网）框架复合的认知操作过程中，"tree"所代表的独立框架发生语义框际转移，复合语义所凸显的是"tree"的隐喻义，意指"就一个问题联系一大群人，然后这群人再去联系其他人，这种联系方式正如'tree'一样，不断延伸，相互关联"。

三是转喻作用下的复合框架语义部分偏离型。这是指复合框架中任何一方因转喻而发生语义变化而另一方却保持语义不变时，其复合框架的语义发生部分偏离。在此也分两种情形：一是当 N_1 发生框内语义转移，而 N_2 保留本义时，其复合框架的语义发生部分偏离。如"butt bus"（停在夜店附近用作吸烟区的汽车）的复合框架义所突显的是"烟头"这一特征。该特征作为"吸烟"的自然结果存在于"吸烟"框架中，"butt"经转喻使其发生框内语义转移，以该特征转喻具有该用途的汽车，其复合框架义发生部分偏离；二是 N_1 保留本义，而 N_2 发生框内语义转移，其复合框架的语义也发生部分偏离。以"hunger march"（反饥饿游行）为例。"march"本指"行军"，是一种行走方式，而"游行"也是一种行走方式，二者均在"行走"框架之中，从此行走方式到彼行走方式，

（三）形态学的构词研究

显然通过转喻发生了框内语义转移,继而导致"hunger march"复合框架义发生部分偏离。

四是隐喻作用下的复合框架语义整体偏离型。这是指名—名复合词复合框架因隐喻发生整体语义偏离。在此有两种类型:其一为各独立框架在复合前已发生隐喻,复合后复合框架发生整体隐喻,其语义产生整体偏离。以"gerbil tube"(两幢建筑物之间起连接作用的管形玻璃通道)为例。"gerbil"这一独立框架的本义是"沙鼠",经隐喻其框架转至"人"框架,而"tube"独立框架则从"玻璃管"框架转至"玻璃通道"框架。两个独立框架复合后,其复合框架通过隐喻发生整体框际转移,导致其语义发生整体偏离;其二为独立框架复合前均未曾因隐喻而发生语义变化,可一旦复合,其复合框架整体出现隐喻义,由此导致语义发生整体偏离。以"sandcastle"为例,"sand"与"castle"在复合前未曾发生隐喻,但复合后的复合框架却通过隐喻从"沙堡"框架转移至"缺乏实质或重要性的一切事物"这样一个抽象化框架,从而导致其复合语义整体偏离。

五是转喻作用下的复合框架语义整体偏离型。这是指名—名复合词复合框架整体发生转喻,其复合框架义整体偏离。在此有两种情况:其一为独立框架同时发生转喻,其复合框架义由此发生整体偏离。如在"walkman"(随身听)中,N_1表使用方式,N_2表使用者,通过使用方式与使用者框架的复合来作为产品品牌名称,既而指称产品。两者复合后以特征代整体,继而以品牌名代产品的认知操作实为同一域内发生的框内转移,是典型的转喻,其复合结果表现为复合框架义发生整体偏离;其二为各独立框架在复合前未曾发生语义转移,但复合后其复合框架义通过转喻发生整体转移,由此导致整体偏离。如"Wall Street"(美国金融投资界),该词系由1653年荷兰殖民者修建的一座墙而得名,指该墙所在的大街,后因美股票交易所位于此街而转指股票交易所,以处所转指该处所所在的机构,此为转喻,继而又转指美金融投资界,以成员转指整体,再次以整体发生转喻,导致其复合框架义整体偏离。

六是隐转喻共同作用下的复合框架语义整体偏离型。这是指独立框架中任何一方发生隐喻而另一方发生转喻,复合框架义发生整体偏离。在此也有两种情形:其一为 N_1 发生隐喻而 N_2 发生转喻,如"egghead"(知识分子)中,独立框架"egg"喻指知识分子光秃秃的脑袋,从蛋框架到脑袋框架,显然通过隐喻发生了框际转移。独立框架"head"以部分(头)代整体(人),通过转喻发生了框内转移。两个独立框架复合后语义转化为"知识分子",其复合框架义发生整体偏离;其二为当 N_1 发生转喻而 N_2 发生隐喻,如在"mouse potato"(电脑迷)中,"mouse"框架在电脑框架内,明显以部分(鼠标)代整体(电脑),通过转喻发生了框内转移。而"potato"喻指体形难看的人,从土豆框架到人框架,显然通过隐喻发生了框际转移,其复合框架最终转移到人框架,复合框架语义发生整体偏离。

54. 何谓英语复合词的向心结构与离心结构?

英语复合词是由两个或两个以上的词构成,其中心语义往往无法直接从词内的某一构成成分中得出,其句法功能也往往难以归类。这显然牵涉到复合词的中心成分(head)问题,而中心成分却又关涉到复合词的向心结构(endocentric construction)和离心结构(exocentric construction)。

语言学中最早提出复合词向心结构和离心结构的,是 20 世纪 30 年代的美国语言学家 Bloomfield(2002:248—249)。后来 Lyons(1968:231—234)对此作了较为详细的阐述。所谓向心结构,就是指复合词中的一个成分或两个成分起到复合词中心成分的作用,如"bubble-economy",其中心成分是"economy",而这一中心成分的句法功能是名词,因而由此构成的这一复合词也是名词,其中心语义也落在了这一中心成分上。再如"girlfriend",这是一个由两个中心成分构成的复合词,即这两个成分具有起并列中心成分(co-headed)的作用:"The girl is a friend"或"The friend is a girl"。因为这两个成分均为名词,所以这一复合词的句法功能也自然是名词,其中心语义也就自然落在这两个中心成分上。英语中大多的复合词均具有向心结构,其句法功能都比较明确,中心成分的句法功能代表整个复合词的句法功能,其语义也定位于这一中心成分,如"auditory-visual"、"baby-girl"、"glow-worm"、"deaf-mute"、"within"和"sensori-neural"等。例外的是,具有"V+Adv"这一构型的复合词,其中心成分是第一成分"V",可其句法功能却往往是名词,如"getaway"(逃跑)、"comeback"(复原)等。

句法功能及其语义难以分辨的是具有离心结构的复合词。所谓离心结构,就是指复合词中的任何一个成分都不是中心成分,即一个难以确定中心成分的结构(a headless construction)。Bauer(1983:57)在论及离心结构复合词时,举到了"egghead"这一词例。这一复合词的构型是"N+N",其句法功能是名词,可其中心语义并不是指"head",而是指"知识分子"。再如"pick-pocket",这一复合词是由"V+N"构成,虽然其句法功能同"pocket"一样,也是名词,可其中心语义却并不是"pocket",其实是表示"A person who picks pockets"。由此可见,这一复合词是指一个"person",而不是指一个"pocket",也不是指"pick"这一动作。又如"highbrow",这一复合词的构型是"Adj+N",其句法功能与其第二成分一致,也是一个名词,可其中心语义却不是"brow",而是指"A specialist with intellectual interest and rarefied taste",况且这一复合词在多半情况下可以用作一个形容词,表示"scholarly or rarefied in taste"。其他一些具有离心结构的英语复合词,现举例如下:

potbelly(大腹便便者)　　heart-throb(心爱的人)
butterfingers(粗心大意的人)　　blue-moon(很久)
bigwheel(要人)　　fathead(傻瓜)
hardback(精装本)　　black-leg(骗子)
hunchback(驼背者)　　loudmouth(高谈阔论者)

从以上这些词例可以看出,这些离心结构复合词均不具备中心成分,其中心语义一般无法直接从词内的某一构成成分中直接得出。在此需指出的是,这些词常含贬义,一般见用于非正式场合。另一点需要注意的是,这些复合词一经形成,其构成成分便组合成一个词的整体,意指某一个实体,而这一实体在大多情况下是指人,在少数情况下是指某一个物体。不论是指人抑或指物,其中心语义大多是指某一个人或物体具备复合词第二成分所描述的特征,并具有复合词第一成分所描述的特性或特色,再经过语义的特殊组合,产生整体的复合词语义。这种中心语义具有隐晦性,不如向心结构的复合词那样具有语义透明度。

55. 英语离心结构复合词构建有何认知动因?

从本书"问题54"业已给出的离心结构复合词来看,这类复合词中大多数是因隐喻或转喻作用的结果,如"feather-weight"隐喻"无足轻重者",因为其原意是指"像羽毛那样轻",再如"loudmouth",是通过对"mouth"的转喻来代表人:"这个人说话很响"。有些离心结构复合词是通过隐喻和转喻的双重作用构建而成的复合词,如"potbelly"的第一成分是"pot",隐喻"像罐子一般凸出",而"belly"经转喻后意指"人",整个复合词就是借用像罐子一般凸出的肚子来隐喻和转喻"大腹便便者"。因此,"potbelly"这一离心结构复合词既有隐喻因素,又有转喻因素。

隐喻和转喻是相互联系的。隐喻就是将一个心理空间映射到另一个心理空间的跨空间投射,而转喻就是在同一个心理空间中进行投射,即同一个心理空间中的一个范畴被用来代替另一个范畴,如借部分来代表整体等。如"bigwheel"这一离心结构复合词就是将"大轮子"这一心理空间投射到能起大作用的"大人物"身上,而"blackhead"是借助对"head"的转喻来代表鸟:"黑头鸟",在此显然是将"head"这一属于次域(subdomain)的心理空间投射到属于整体域的"鸟"身上。

在认知语言学的研究中,被投射的心理空间被称为源域(source domain),接受投射的心理空间被称为目标域(target domain)。心理投射一经发生,两个心理空间便发生合成,这就是Fauconnier"概念合成理论"(Fauconnier, 1997; Fauconnier & Turner, 2002)的主要思想,用来解读人类语言在构建和理解过程中的认知机制。要详细了解"概念合成理论",请参见张辉(2003)和王文斌(2003,2004)及其他相关的专著和论文,在此不再详述。

我们认为,离心结构复合词的产生,是概念合成的结果。隐喻投射具有认知外部的特征而转喻投射则具有认知域内部的特征(张辉,2003:49),可这两种手段都是将源域的某一突显特征投射到目标域的某一对应特征上,使两者整合在一起。在"fathead"(傻瓜)这一离心结构复合词中,"fat"之所以能与"head"结合在一起,就是因为源域"fat"具有"胖"这一凸显特征,将之投射到目标域"head"的对应特征上,再经过"head"与"傻瓜"这样一个人在认知域内部凸显特征的对应,遂组合为"fathead"。

我们还认为,其实向心结构复合词也基本上是概念合成的结果。向心结构复合词虽然大多不牵涉隐喻和转喻,但依然涉及两个心理空间的投射和合成,如"nightfall、bottle-green"等。在"night-fall"这一复合词中,"night"与"fall"属于两个不同的心理空间,前者指"夜",而后者是指"物体因受地球吸引力的作用而往下降落的运动状态",两者结合在一起就表示"夜幕的降临"。这一复合词在句法上既可以是一个主谓结构"The night falls",也可以是一个含有介词短语的名词结构"the fall of the night"。再如"bottle-green",其中的两个构成成分也是属于两个不同的心理空间,"bottle"是指"瓶子",而"green"是指"绿色",两者组合在一起,是表示"像瓶子玻璃那样的绿色",即"深绿色",其句法结构应该是"as green as a bottle"。在此我们不禁要问:是什么机制触发这些心理空间的合成?我们认为,一是人类认知客观事物的完型原则(gestalt principle),二是凸显原则(prominence principle)。

所谓完型原则,就是指人们知觉客观事物的整体性原则(Lakoff & Johnson,1980:71;Ungerer & Schmid,1996:33),即往往将客观事物中彼此相属的成分结合为一个整体的认知方式;所谓凸显原则,就是指人们在认知客观事物时往往将注意力集中于事物最突出的特征或特性之上(Ungerer & Schmid,1996:156—173)。其实,人类认知中完型原则与凸显原则是相互联系并相互依存的,两者不可分离。完型原则是凸显原则的结果,而凸显原则是完型原则的前提或基础,如"bubble-economy"这一复合词,其内在的句法结构应是"The economy is like bubble"或"bubble-like economy",人们之所以将"bubble"与"economy"组合在一起,构成复合词,就是因为人们舍弃了原先句法结构中的各次要成分,凸显了"经济"与"泡沫"这两者之间的内在特性,将两者结合为一个整体,表示"虚假繁荣的经济"。由此可见,凸显原则与完型原则从中所起到的认知作用是不言自明的。

56. 何谓英语中的新古典类复合词?

所谓英语中的新古典类复合词(neoclassical quasi-compound),就是指英语中由拉丁和古希腊词根复合而成的与复合词相类似的词,如"aristocracy(贵族统治)、polygamy(一夫多妻)、hypertrophy(肥肿)、periderm(植物的周皮)"等。这些词根虽原先借自拉丁语或古希腊语,但经彼此的组合所产生的新词,却发生于现代,由此而形成的新词被称作新古典类复合词。

英语复合词在英语词汇中占有很大比重,历来被研究者所重视,但是,对其中一种由词根复合而成的新古典类复合词,学界却鲜有涉及。新古典类复合词的组成成分是拉丁和古希腊词根,而且往往是在现代英语句法中不能自由使用的非自由词根,如"cracy、poly、hyper、peri"等。学界将英语词分为单词素词、多词素词、复合词、派生词和屈折词等,而新古典类复合词却不属于其中的任何一种。

英语中的词素应分为三类:自由词素、非自由词素和黏附词素。它们分别对应于自由词根、非自由词根和黏附词缀,同时又对应于英语的自由词根、组合成分和词缀。大多复合词是由自由词根或自由词素组合而成,而新古典类复合词则是由非自由词根组合而成。所谓自由词根,就是在句法中能独立运用的最原始、最单纯和最基本的词素,即自由词素。关于这一点,自由词根与自由词素的概念两者是重叠的,而非自由词根是指在句法中不能单独使用的最原始、最单纯和最基本的词素,它们只能与自由词根、其他非自由词根或黏附词素组合才能构成特定的词。

我们认为,由非自由词根与非自由词根组合而成的词是类复合词。因这些非自由词根出源于拉丁语或古希腊语,所以我们在此称之为新古典类复合词。这可以从三方面来理解:第一,从形态构词角度看,英语构词法一般分为复合、屈折和派生。新古典类复合词是由非自由词根合成,其构词法与复合词最为相近。第二,从历时角度看,新古典类复合词在很大程度上就是复合词,其组合成分在起源上均有对应的拉丁词根或古希腊词根,有独立固定的语义和词性。组合成分的这些特征与普通复合词作为构成成分的自由词根相似;再者,词典学研究者将越来越多的新古典类复合词作为复合词编入词典,而越来越多的新古典类复合词也进入了现实语言的实际交际。第三,新古典类复合词的组成成分叫做组合成分。组合成分大多来源于拉丁词和古希腊词的词根,继承了这些词根的基本意义,在进入英语的过程中,语义变化甚微,在构成类复合词时,语义也很透明,如表示"书"之意的词根"biblio"与表示"害怕"之意的词根"phobe"组合,构成"bibliophobe",其意为"恐惧书的人",其词义相当显豁。

我们发现,由古典语言的词根变成英语的非自由词根过程中,除直接组合之外,也存在变化方式,其主要手段是在两个成分之间加上连接成分"-o-"或"-i-",或删除前一成分的词尾"-a、-us、-um、-s、-on、-os、-ein、-e"等,再加上连接成分"-o"或"-i",如:

bath+-*o*-+lith:batholith   curv+-*i*-+form:curviform

acutus → acuti(-*us*,+*i*):acutilingual   centum → centi(-*um*,+*i*):centigram

pleion → pleio(-*on*,+*o*):pleiomorphy   lyein → lyo(-*ein*,+*o*):lyophile

hyphe → hypho(-*e*,+*o*):hyphopode   mare → mari(-*e*,+*i*):mariculture

总之,绝大多数的拉丁词根或古希腊词根,在英语里是构词组合成分,属于非自由词根,有别于自由词根和词缀,所以有其自身的特点,彼此之间的合成能产生类复合词。

57. 何谓短语词？

所谓短语词(phrasal word)，就是指由一个以上的词所组成的词，在表象上看是一个短语，可在句法上仅起到一个词的功能，在语义上表达相当于一个词的意义。尽管有很多学者认为使用"短语词"这一术语并不恰当，因为这一术语意味着语言中所有的短语都可以被认为是词。但是，若撇开这一术语的适当性与否不说，那么其概念还是有必要弄清楚的。

在此我们需要从两个方面探讨短语词：一是句法功能，二是语义作用。

先谈谈短语词的句法功能。一个短语词，在句法功能上，起到一个词的作用。譬如说，英语中的"jack-in-the-box"(玩偶匣)就是一个短语词。从表象上看，这似乎是一个名词性短语，其中心词"jack"受到介词短语"in the box"的修饰，其句法结构类似于"a student in the classroom"或"trees along the street"。然而，若将"jack-in-the-box"变成复数形式，其作为短语词的特征就会显得明朗，其复数形式不是"jacks-in-the-box"，而是"jack-in-the-boxes"，如句子"She jumped up and down all morning like jack-in-the-boxes"。显然，"jack-in-the-box"的句法功能是一个词，而不是一个短语。人们或许会说，"jack-in-the-box"这一短语词各成分之间已经有了连字符"-"连接，而不是处于开放式"jack in the box"，所以明显是一个复合词，而复合词无疑就是能在句法上起到一个词的作用的词。如果说"jack-in-the-box"这一短语词还不够典型的话，那么再来看看英语的短语词"had better"：从表面上看它由两个词组成，像是一个短语，其实，它在句法功能上就是一个词，这可以从其句法行为得到证明。我们不能说"Now you had not better listen to the radio"，却只能说"Now you had better not listen to the radio"，从中不难看出，否定词"not"不是出现于"had"之后，而是紧跟于"better"之后。毫无疑问，"had better"在句法上的功能是一个词，而不是一个短语。更确切地说,"had better"是一个短语词。类似"had better"的短语词还有"would rather"、"had sooner"和"would sooner"等。

再来看看短语词的语义作用。短语词不仅在句法上起一个词的作用,在语义上也同样是起到一个词的作用,具有表达一个概念的功能。如英语中的短语词"kith and kin"(亲戚),看起来是由三个词组成,可在语义上却起到一个单独的词的作用。若将"kith"与"kin"分开,其词义就再也不是"亲戚"之意,况且"kith"在英语句法中还不能单独使用,只能与"kin"并列使用才能用来表达"亲戚"这一意义。由此可见,"kith and kin"是一个短语词,而不是一个短语。再如"It rains cats and dogs"中的短语词"cats and dogs",其词义就是"heavily",即表示"倾盆大雨"。"cats"与"dogs"若彼此分开使用,就无法表达此意。换言之,短语词的整体词义是无法简单地从其各构成成分的词义中获得,只能将各构成成分当作一个词义整体。

58. 复合词与短语有何区别?

所谓复合词(compound),就是指由两个或两个以上能够独立使用的单词组合在一起,构成一个具有特殊意义的新词;而所谓短语(phrase),就是指由两个或两个以上能够独立运用的单词组合起来的词组。同样都是"由两个或两个以上能够独立使用的单词组合在一起",而前者被称为复合词,后者却被称为短语,这在概念与认知操作上都很容易引发混淆。

然而,既然有被称为复合词的各单词组合,也有被称为短语的各单词组合,而且在语言分析实践中,复合词与短语这两个术语已经约定俗成,已被语言学家们广为接受,那么两者之间必然有所区别。我们认为,从正字法(orthography)角度看,具备三种条件之一者大多属于复合词:其一是在其组合结构内各成分已经固化,即以固体式(solid form)出现,那么这种组合都是复合词,如"desktop"(台式计算机)和"landfill"(将……埋在垃圾填筑地)等;其二是在其组合结构内各成分由连字符连接,即以连字式(hyphenated form)出现,那么这种组合通常都是复合词,如"sound-bite"(言简意赅地说)和"mom-and-pop"(夫妻店)等;其三是若在其组合结构中各成分由一个连字音连接,即以加音式(sound-added form)出现,那么这种组合无疑就是复合词,如"handicraft"(手工艺)和"workaday"(平日适用的)等。其实,真正难以区分复合词与短语的,是在其组合结构内各成分之间没有任何连接符号,即既没有连字符,也没有连字音,也不以固体的形式出现,而是以开放式(open form)出现,如"gravy train"、"white knight"和"mental hospital"等,那么这些组合既可能是复合词,也有可能是短语,要明确区分二者并非易事。对于判别英语中复合词与短语的差异,目前较为有效的方法有四种:一是音位准则(phonological criterion);二是形态准则(morphological criterion);三是语义准则(semantic criterion);四是句法准则(syntactic criterion)。

从音系准则来看,组合结构内各成分存在重音差别。若是复合词,那么其重音一般都落在第一个成分上;若是短语,那么其重音就往往落在第二个成分上。如:

复合词	短语
′rust belt(重工业衰退区)	rust ′belt
′cube farm(办公农庄)	cube ′farm
′motor voter(汽车选民登记制度)	motor ′voter

重音落在第一成分还是第二成分,对区分复合词与短语起重要作用。如"cube farm",若重音是在第一成分"cube"上,则是一个复合词,表示"办公农庄"之意,指的是挤满隔间的办公室;若重音落在第二成分"farm"上,则是一个短语,表示"立方形农场"之意。

从形态准则来看,若组合结构变成复数形式,那么复数形式附加于整个组合结构之后是鉴别复合词的另一重要准则,即复数形式若附加于整个组合结构之后,那么这一组合一般来说就是一个复合词,如"new-born → new-borns"(新生儿)、"go-between → go-betweens"(掮客)和"touch-me-not → touch-me-nots"(高傲自持者)等。再者,在复合词中作为修饰成分的形容词一般没有比较级和最高级,例如,"hot dog"就不能派生出"hotter dog"和"hottest dog"。

从语义角度来看,复合词的语义一般是隐化的,而非显化。换句话说,其语义并非组成词语义的简单相加,具有不可预测性,如"blackboard"(作为教学用具的黑板)的语义并非"black"(黑)与"board"(板)的简单叠加,而是有了额外的语义:用作教学之用。况且,其颜色也并不是非得黑色,"green blackboard"(绿黑板)一语的存在就是很好的证明。而如果语义是"黑色的板",那么"black board"便是一个短语,其语义是这两个组成词语"black"和"board"的叠加。

从句法准则来看,一个组合结构,尤其是"形容词+名词"的组合结构,若可以借助副词"very"、"rather"、"quite"或"fairly"等来扩充,那么这个组合结构就不是复合词,而是一个短语,如"crisp bread"、"white knight"和"gravy train"等组合结构,若不能接受这些副词的修饰,那么就是复合词,分别表示"薄脆饼干"、"救星"和"轻松的工作";若它们能接受这些副词的修饰,整个组合结构分别扩展为"very/rather/quite/fairly crisp bread"、"very/rather/quite/fairly white knight"和"very/rather/quite/fairly gravy train",那么这些组合就是短语。再者,复合词的内部在句法上显然是不可拆分的,譬如说,"I put out the fire"中的"put out"(熄灭),从其语义来看是隐化的,不是"put"和"out"的叠加。但是,我们可以说"I put the fire out",所以"put out"通常被称为"动词短语",而不是"复合词"。相反,复合词在句法上是不可拆分的,如"greenhouse",我们不能将其拆分用来提问这样一个问题:"Is the house green?"

诚然,每一条规则都难免会有例外。我们以上谈的几项准则,也不是绝对的,只是从相对角度所作出的归纳。

59. 英语构词中有无"会意法"?

汉语中的构词"会意法",也叫"象意法",就是将两个或两个以上的词素(可以是独立使用的词素词,也可以是不能单独使用的词素)组合在一起,如"公"是由"八"和"厶"合成,即"背私为公","八"表示"违背"之意,跟"自私"相反谓之"公"。再如"信",是由"人"和"言"组成,即"人言为信",表示人所说的话有信用。又如"武",是由"止"和"戈"合成,表示制止战争冲突。

若从汉语构词"会意法"是词素组合这一实质上看,英语构词中也存在大量的"会意"词,如"ethnocide"(种族文化灭绝),是由"ethno"(种族文化)和"cide"(杀)两个词素组合而成。再如"aerolite",是由"aero"(空中的)和"lite"(石头)两个词素合成的结果,表示"陨石"。依凭"会意法",英语可以构建出一个非常长的单词,如"pneumonoultramicroscopicsilicovolcanoconiosis",表示"由于细微的火山尘侵入肺部而引起的伤痕或纤维病变,即硅酸盐沉着病,也称矽肺病"。这一词共有45个字母,由八个词素组合而成:"pneumono(肺)+ ultra(超)+ micro(微小)+ scopic(显示器的)+ silico(硅石)+ volcano(火山)+ coni(尘)+ osis(病变状态)"。或许难以相信的是,英语里还有一个比表示"矽肺病"这一词更长的词:"diisobutylphenoxyethoxyethyldimethylbenzylammonium chloride"。这一词共有58个字母,由九个词素组成,表示"二异丁基苯基乙氧基乙基二甲基苄基氯化铵":di(二)+isobutyl(异丁基)+pheno(苯基)+xyetho(乙氧基)+xyethyl(乙基)+dimethyl(二甲基)+benzyl(苄基)+ammonium(铵)+chloride(氯化物)。英语借用"会意法"构建新词的有效性由此可见一斑。需要指出的是,汉语构词中的"会意法",通常借助合体、上下结构、上中下结构、左右结构、左中右结构、内外结构、半包围结构等;而英语词的"会意法"与其语言本身一样,均借助从左到右的线性(linear)结构。

英语的"会意法"构词非常灵活,只要是词素,不论是自由词素还是非自由词素,均可结合语言表达的需要而成为"会意法"的构词材料。纵观英语"会意法"构词的形式,可以归纳出偏正式、动宾式和宾动式这三种句法关系。

(1) 偏正式

偏正式是指在词的组合中黏附词素出现于中心词素的前面而构成

一个单词。在借助"会意法"构成的英语单词中,大多属偏正式,如:

monolog ← mono（单独）+ log（说）:独白

euthanasia ← eu（好）+ thanasia（死）:安乐死

microphotometer ← micro（微小的）+ photo（光）+ meter（仪）:显微光度计

ecopornography ← eco（生态的）+ porno（淫秽的）+ graphy（所描绘的东西）:别有用心的生态保护宣传（porno 在此被隐喻为别有用心）

（2）动宾式

动宾式是指词的前一词素具有动词性,后一词素是这一动词性词素所涉及的对象而构成的词。这类形式在"会意法"中尽管少见,可也不能说根本不存在,在英语中仍然存在着以这种方式构成的词汇,如:

philanthrope ← phil（爱）+ anthrope（人）:慈善家

misanthrope ← mis（恨）+ anthrope（人）:憎恨世人者

portfolio ← port（带）+ folio（对开本）:公事包

pictograph ← pict（绘）+ -o-(连接字母) + graph（文字）:象形文字

（3）宾动式

宾动式是指词内的前一词素是具有动词性的后一词素所涉及的对象而构成的词。这类形式在"会意法"中数量极少,但仍时有所见,如:

bibliophile ← biblio（书籍）+ phile（爱）:爱好书籍的

xenophobe ← xeno（外国人）+ phobe（恨）:憎恶外国人

oneiromancy ← oneiro（梦）+ mancy（占卜）:占梦

neonaticide ← neo-（新的）+ nat（生）+ cide（杀）:杀害新生儿

60. 英语"会意法"构词有何心理现实?

我们探讨"会意法"构词,其实就是探讨词的内部结构成分的组合,即探究词通过意符合成而构筑起来的内部形式。值得注意的是,语言的各种结构就其本质而言是一个线性结构,作为语言特定单位的词,其内部结构也理所当然具有这一表征,其排列明显表现出一个一维的成分序列。既然词的内部结构是线性的,那么就如数学中的直线概念,可以无限地延续下去,由两个以上的意符构成的词或复合词,就说明了这一点。认知心理学研究表明,识别一个词中字母的准确率会高于识别一个单独的同一字母,这种现象被称为词优势效应(word-superiority effect);识别一个"客体"图形中的线段会优于识别结构不严的图形中的同一线段或单独的该线段,这种现象被称为客体优势效应(object-superiority effect)(王甦,汪安圣,1999:65)。由此可见,词内部的线性结构是"会意法"派生构词的心理条件,因为通过线性结构,能够将各种意符串连在一起,具有结构上的优势效应,便于人们的心理识别。

但是,词的线性结构排列不是随意的,它必须遵循语言表达的需要。那么,这种语言表达是何物呢? 答案就是语义。Klamer(2002:277)认为,语言中的词汇不仅具有各种任意性符号,而且还具有其内部结构受语义驱动(semantically driven)的各种词语。我们相信,人类语言本身的创造性决定了词与词之间的各种组合,借此构成各种新词。如同一个人能说出以前从未说过的话语,写出以前从未写过的句子一样,一个人也能根据实际语言表达需要构造出以前从未说过的词,写出以前从未写过的词。其构词的重要手段之一就是"会意法"构词,即人为地将现有的词素搭配在一起,构成新的单词,借以表达新的意义。换言之,复杂的概念本身就是各种意义的组合,如果是一个单一的概念,其意义一般是不可能复杂的。人类为表达这些复杂的概念,往往依凭各种概念的组合来达到目的,而概念的组合往往就是词素的组合。如上所述,通过词素的组合来构造新词具有结构上的优势效应,便于人们的心理识别。

其实,"会意法"构词在世界各种语言中具有共通性,如法语"bonheure"是由"bon"(好的)+"heure"(时光),表示"愉快"之意;"héliothérapie"是由"hélio"(太阳的)和"thérapie"(治疗)组成,表示

(三)形态学的构词研究

"日光疗法";"grandiloquence"是由"grand"(大的)和"loquence"(话)合成(在这一词中,"-i-"是连接字母,没有意义),表示"大话"。在美洲的印第安人语言中,一个词往往就是一个句子,如"wiitokhchumpunkuruganiyugwixantum",这个词由八个意义成分组成:"wii(刀)+ to(黑的)+ khchum(野牛)+ punku(手的)+ rugani(割)+ yugwi(坐)+ xa(将来时)+ ntum(复数)",其整体意思就是"有人将坐着用刀割黑牛"。由此可见,借助"会意法"构造新词,是人类语言构词的一个共同特征之一,必定具有内在的心理动因。

61. 英语词有无音义关联?

有学者认为,英语如同汉语,也是一门象形文字的语言,如"eye"(眼睛)一词,"y"两边的"e"表示两只眼睛,"y"象征"鼻梁"。再如"eve"(前夕)象征"两个时间之交"。我们认为,这种看法不符合英语词汇的客观实际,是一种主观臆断,缺乏事实依据。"eye"一词在古英语的拼写形式其实是"ēage","eye"只是在现代英语中的拼写形式。再如"eve"一词在中古英语时期是"even"(均匀的)的一个拼写变体。如果说这些单词的拼写具有象征或象形的意味,那么在中古英语时期这些词的拼写形式应该更能说明问题,从以上这两个词在古英语和中古英语时期的拼写可以看出,这些词的拼写形式均无对称性。因此,认为英语也是一门象形文字的语言这一观点是不正确的。但是,英语语音不仅对构词会产生影响,而且有些语音的组合本身会产生特定的词义,这似乎可以在许多词例中找到佐证。有些语言学家在研究词的词义时提出了语音论(phonetic theory)观点,认为世界上所有的语言,均借助于同一途径来传送或接收信息,这一途径就是语音。Bolinger(1975:15—16)认为,我们学习一门语言,就必须学会发音。学习发音是语言学习的一个最重要方面,所以,进入语言系统的语音是语言描写不可或缺的一部分,与语言系统本身同样重要。其他许多语言学家也认为,语音与词义的联系并非始终是任意的(arbitrary),彼此之间具有某种关联。其实,Bloomfield(2002:258)早在20世纪30年代就音义之间的某些内在联系,提出了有些形态结构具有象征意蕴(symbolic connotation)这一观点,如英语中的语音[i],常常表示"小"之意,如:

chip(碎片)、slip(幼枝)、little(小的)、bit(小块)、mini(微小)、booklet(小册子)、birdie(小鸟)、islet(小岛)、doggy(小狗)、catling(小猫)、nib(尖突)等。

以上这些词均含[I]音,具有"小"之意。这似乎可以说明,语音与词义之间在某些词中具有一定的联系。再说,英语中有些语音组合均带有特定的词义信息。我们在此就英语中若干常见的音义关联作具体的词例说明。

(1) "bl"的音义组合。这一音义组合往往含有"inflation"(充气)之意,如:

bladder(气囊)、blip(雷达上的显示点)、bluster(汹涌)、blister(皮肤上的水疱)、bloat(膨胀)、blubber(哭肿)、blain(脓包)、blast(鼓风)等。

(2) "cl"的音义组合。这一音义组合往往含有"grasp"之意,如:

clasp(扣紧)、clench(紧紧抓住)、clamber(爬)、claw(抓)、clinch(钉牢)、cleave(粘住)、cling(紧贴)、clutch(抓住)等。

(3) "gr"的音义组合。这一音义组合往往含有"producing unpleasant sound or showing unpleasant behavior"之意,如:

grunt(发哼哼声)、groan(呻吟)、grouse(埋怨)、grumble(抱怨)、grouch(发牢骚)、gripe(抱怨)、grizzle(发脾气)、growl(咆哮)、grin(呲牙咧嘴)、grimace(做鬼脸)等。

(4) "oo"的音义组合。这一音义组合往往含有"stupid or dull"的词义信息,如:

(三) 形态学的构词研究 **137**

fool（傻瓜）、doodle（乱涂）、coon（蠢货）、noodle（笨蛋）、looby（傻大个儿）、kook（傻瓜）、goofy（愚蠢的）、goon（傻子）、goop（呆子）、hoosegow（监牢）、droob（可怜虫）等。

(5)"umble"的音义组合。这一音义组合往往带有"dull sound or clumsy behavior"的词义信息,如：

tumble（摔倒）、mumble（含糊地说话）、rumble（隆隆声）、fumble（摸索）、stumble（蹒跚）、grumble（咕哝）、bumble（拙劣地做事）等。

(6)"ump"的音义组合。这一音义组合往往具有"heaviness"（沉重）之意,如：

bump（碰撞）、chump（木墩）、clump（堆）、crump（重击）、flump（砰地落下）、frump（衣着邋遢）、lump（块）、rump（臀部）、slump（坍塌）、stump（树墩）、thump（捶击）等。

应该承认,英语中有些词的音义组合是有其象似性的,即所谓的"语音象似性"（sound symbolism）。以上所列的这些词例就是一个很好的说明。

62. 英语构词中语音嬗变效应有哪些表现？

众所周知,人类语言一般是先有语音,然后才有书面表达形式,而词是书面表达形式的一个基本单位,可以说,词往往是对语音的一种记录,是语音的记录符号。因此,语音的任何变化,必然反映在词的构形上。需要指出的是,语音变化主要体现于词的形态,形成各种词素变体,而词素变体则往往导致词在拼写上的变化,主要反映于字母的删除、字母的添加和字母的替换。

(1)字母的删除。 字母的删除,往往发生于某个词素成为某个词的一部分时,由于处于词边缘的一个或多个音素的脱落,某个词素中的某一个音就会自然脱落。根据词的语境,自然脱落的音可能是元音,也可能是辅音,而某一个音的脱落体现于词的拼写方面,就是某一个字母的脱落。

1) 元音字母的删除。元音字母的删除是指当某个词素与某个词或词根结合在一起时,词素内的某个元音发生脱落。这种现象往往发生于两种情况:一是在一个词内,如果两个分别属于不同音节的元音相邻,那么其中的第一个元音就会自然脱落;二是如果后缀"-er"或"-or"后面紧跟别的音节,那么其中的"e"或"o"往往会自然脱落。前一种现象可借用程式1来表示,而后一种现象可借用程式2来表示。

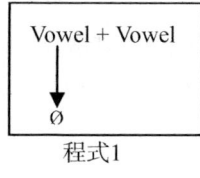
程式1

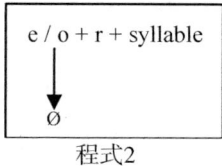
程式2

程式1的具体词例有:

  tele + ex → telex（电传）

  hypo + alge +sia → hypalgesia（痛觉迟钝）

  homo + onym → homonym（同形同音异义词）

  a + theo + ism → atheism（无神论）

程式2的具体词例有:

  meter + ic → metric（米的）

  actor + ess → actress（女演员）

  anger + y → angry（气愤的）

  executor + ix → executrix（女执行者）

如同每一条规则都有例外一样,以上两个程式并非一成不变,其中也有例外。程式1并不适用于"anti-、macro-、iso-、semi-、neo-"等前缀,这些前缀与其他词素结合在一起时,并不会发生元音脱落,如"antioxidant（抗氧剂）、macroanalysis（宏观分析）"等。程式2仅适用于非重读音节中的"e"或"o",若处于重读音节,就不太可能会脱落,如"supérior（优越的）、victórious（胜利的）"等。

（三）形态学的构词研究

2) 辅音字母的删除。辅音字母的删除是指两个或两个以上的辅音若在词内处于不同音节可又是彼此相邻,那么前一个或两个辅音往往会被删除。这种情况往往发生于前缀黏附于词或词根之时,处于前缀中的"n"或"s"这两个辅音,就常常被删除。这主要表现于两种情况:一是若"n"与后一个以辅音为首音的音节相邻,这个"n"就会被删除;二是若"s"与后一个以[s]为首音的音节相邻,这个"s"就会被删除。"s"被删除,又分两种情况:一是"s"的脱落一般发生于以"s"为尾字母的前缀黏附于以"s"为首字母的词或词根时,前缀中的"s"字母就会被删除;二是如果前缀"ex-"黏附于以清辅音为首音的词或词根时,其语音形式[eks]中的[ks]便自动脱落,由此导致字母"x"的脱落。辅音字母"n"的删除可以借用程式3来表示,"s"的脱落可以借用程式4来表示:

程式3　　　　　　　　　　　　程式4

需要指出的是,"n"的删除常发生于否定前缀"an-",表示"not"之意。如程式3所示的具体词例有:

an + cycle + ic → acyclic(非周期的)

an + historic → ahistoric(没有历史背景的)

an + morph + ous → amorphous(无固定形状的)

an + path + y → apathy(无动于衷)

"s"的删除,主要表现于前缀"trans-"与以[s]为首音的词或词根结合时的情况。如程式4所示的具体词例有:

trans + stage → transtage(变轨级)

trans + scribe → transcribe(抄写)

trans + scend → transcend(超越)

trans + sect → transect(横切)

(2) 字母的添加。字母的添加是指由于受语音变化的作用而在某一个词素中添加一个原本并不存在的语音,并反映于这一词素的拼写形式。在英语的构词中,元音和辅音均有被添加的可能,如添加"u"或"p"。

"u"的添加常常发生于在语音上出现不合乎英语常规的语音序列。一般情况下,一个辅音丛(consonant cluster)若是由双唇塞音[b]或[p]或由软腭塞音[g]或[k]与能成音节的[l]组合在一起,后面又紧跟着一个以元音为首音的词素,那么这个辅音丛中间就会被插入一个[jʊ]音,在词的拼写上体现为"u",使得这个辅音丛变成一个明显的音节,如:

table + ate → tab**u**late(把……列成表格)

scruple + ous → scrup**u**lous(有顾忌的)

angle + ar → ang**u**lar(有角的)

particle +ar → partic**u**lar(特定的)

这种字母添加现象可以借用程式 5 来表示:

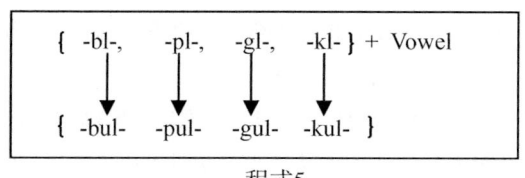

程式5

"p"的添加常常发生于辅音丛"mt"之间。一般情况下,插入[p]音是为了使双唇浊辅音[m]与清辅音塞音[t]之间能进行平稳的语音过渡,这是因为[p]既具有与[m]同样的双唇发音部位,又具有与[t]那样的清辅音发音方式。插入[p]音,在词的拼写上便体现为"p",如:

assume + tion → assum**p**tion(假设)

presume + tion → presum**p**tion(放肆)

redeem + tion → redem**p**tion(赎回)

resume + tive → resum**p**tive(重新开始的)

(三)形态学的构词研究

"p"字母的添加现象可以借用程式6来表示：

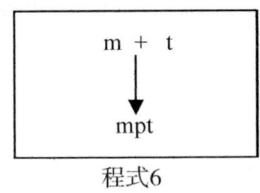

程式6

英语语音嬗变效应也会造成字母的替换（包括辅音字母替换和元音字母替换），对于这一论述，可详见王文斌（2005：225—228）。从以上介述可以发现，语音嬗变会导致词内部字母的增删，这是英语形态研究中一个不容忽视的语言现象，其中的语音变化规则和构词规则在英语教学中应引起我们密切的关注，并加以灵活的运用。

63. 何谓词化？

语言中的词化，是形态学研究所不能忽视的一个现象，因为除了深究词及其内在结构之外，形态学研究的另一重要任务就是需要研究词的形成、现状和发展。而所谓词化，从严格意义上说，就是指原属于自由的横组合关系（syntagmatic relations）的语言配列成为一个固化（entrenched）的词汇单位。

从广义上讲，语言中任何一个词的形成均经历过词化过程，因为词化即词的形成过程。特定的词从产生之初进入语言使用到固化为一个约定俗成并被人广为接受的词汇单位，这是一个词化过程。常被称为复合词的多词词（multiword words）是如此，多词素词（multimorphemic words）的形成也是如此，单词素词（monomorphemic words）其实也不例外。多词词，如"point-and-shoot"（傻瓜相机）和"video-on-demand"（视频点播）等，都是从原先的自由横组合关系渐渐固化为英语中的词汇单位；多词素词，如"plutography"（pluto+graphy：专写富人生活的富贵作品）和"neonaticide"（neo+nat+cide：杀害新生儿）等，就是根据语言的表达需要从现存的词素中分别选择了与意义表达相关的词素组合而成，逐渐凝固成词汇单位；单词素词，如"mousse"（摩丝）和"bonk"（敲打）

等,从无到有,逐步固化为语言中的词汇单位。况且,即便从共时角度看是单词素的词,有些原本也是由若干词素或若干词的固化组合而成的,如现代英语中的单词素词"nest"(鸟窝),在古英语是由"ni + sed"两个词素组成,"ni"表示"down",而"sed"表示"sit",所以整个短语原先的意思应该是"sit down"(Onions,1966:607),可在现代英语里却词化为"nest",从词形上看似乎是一个单词素词。再如"blog"(博客)一词,多数人会视其为一个单词素词,可事实上该词是"web log"两词的缩合,从1999年首次出现至今短短不到15年时间,就已彻底词化了。

Bauer(1983)尽管对词化这一概念未作严格的界定,可认为英语词化共有五种类型:音系词化、形态词化、语义词化、句法词化(syntactic lexicalization)和混合词化。我们认为,词化的确有多种实现手段,可Bauer提出的句法词化,其概念比较模糊,未曾区分短语词化和句子词化这两个类型。短语和句子均属于句法结构,可短语词化与句子词化在形式上存在本质的差异。短语词化往往仅截取某一个句法范畴(syntactic category),包括名词短语、动词短语、形容词短语、介词短语等。这些句法范畴在语言使用中渐变为固化的词。而句子词化往往会将整个句子凝固化,当作一个词汇单位加以运用。再说,即便是形态词化,也会牵涉到句法词化问题,只不过这种词化是以词素之间的句法关系体现出来而已,如"gastroporn"(餐饮色情)和"supermicro"(超级微型计算机)等,分别是由词素"gastro"与"porn"和"super"与"micro"固化而成,明显具有句法上的偏正结构:"gastro"修饰"porn",而"super"修饰"micro"。由此可见,形态词化在许多情况下也体现出语言横组合的结构规律及其特点,表现出句法词化的特征。鉴于此,我们认为,有必要在句法词化中区分短语词化和句子词化这两个类型。关于词化的诸种类型问题,请见本书"问题64"。

64. 英语词的词化有哪些类型?

我们认为,英语词化主要有音系词化(phonological lexicalization)、形态词化(morphological lexicalization)、语义词化(semantic lexicalization)、短语词化(phrasal lexicalization)和句子词化(sentential lexicalization)这五种类型。

(1) 音系词化

所谓音系词化,就是指借助重音、语音的变化或语音的连接将语言中的某些具有横组合关系的语言配列,固化为特定的词汇单位。从这一界定至少可以看出三点:一是词化后的某些语言配列在词的重音方面有别于未经词化的语言配列;二是某些语言配列中的语音在词化后会发生某些变化;三是通过语音连接将语言中的某些语言配列凝固为词。

词重音属音位学研究中的超音段特征(suprasegmental features)这一范畴,具有区别意义的重要功能。语言学家们(Matthews, 1974: 97; Jackson & Amvela, 2000: 80; Carstairs-McCarthy, 2002: 50)认为,区别词与自由配列两者之间的一个重要手段就是看重音所处的位置。一般而言,若一个语言配列是一个自由词组,那么重音就会落在其第二个成分上,而若这一配列已演化为一个词,那么重音就会落于这个表达形式的第一个成分。如:

自由配列	复合词
help ′mate	′helpmate
hard ′cover	′hardcover
white ′house	′White House

音系词化的另一种表现是某些自由配列中的语音变化。在有些情况下,一个自由配列一旦被词化,其语音就会发生弱化,如:

自由配列	复合词
sheep herd	shepherd [′ʃepəd]
cup board	cupboard [′kʌbəd]
fore head	forehead [′fɔrɪd]

音系词化的第三个表现就是借助语音连接。元音和辅音均有可能成为连接成分(linking elements),其中常见的元音连接音是单元音"-o-"、"-i-"和"-a-",而常见的辅音连接音是"-s-"。连接成分一般置于

自由配列的成分之间,使诸成分能在语音上自然地连接在一起,读音更为流畅和方便,如:

drunkometer   handicraft
detectaphone   sportsman

(2) 形态词化

形态学一般都是借助词的词素结构来研究词的结构或形式。我们在此探讨形态词化,也离不开对词素结构的考察。我们所说的形态词化,就是指通过词素的组合固化为词。借助词素之间的组合来达到词化的方式有多种,在此我们仅举两种:"自由词根词素+非自由词根词素"和"非自由词根词素+词缀"。

自由词根词素+非自由词根词素。这一类词的词化其实既可以是由"自由词根词素+非自由词根词素"组成,也可以是由"非自由词根词素+自由词根词素"组成。在词形成之初,也许是完全出于语言表达的需要而临时拼凑,可一旦被人们所普遍接受,就会被词化,如:

talk + athon → talkathon(冗长的讲话)
movie + plex → movieplex(电影厅)
neuro + politics → neuropolitics(神经政治)
nano + tube → nanotube(毫微管)

非自由词根词素+词缀。这一类词的词化可以由"非自由词根词素+词缀"结合而成,或可以由"词缀+非自由词根词素"构成。诚然,词缀同词根一样,也是词素,可词缀只有附丽于词根才能构成词。这一类词极为多产,英语里有许多的词是经"非自由词根词素+词缀"或经"词缀+非自由词根词素"的组合从最初的产生到最终的词化,如:

pens + -ive → pensive(沉思的)
rupt + -ure → rupture(破裂)
de- + posit → deposit(存放)
sub- + ject → subject(使隶属)

(三)形态学的构词研究

(3) 语义词化

所谓语义词化,就是指在很大程度上词各成分之间的组合是语义的结合。经语义词化而成的词非常难以归类,因为这一类词的词义是约定俗成的。这类词常有两种情形:一是超越常规性的句法排列,往往依据语义表达的需要将成分自由地组合在一起,借此构成固定的词汇单位;二是即便在表面上看似合乎句法要求的排列,可其语义依然很难从其组成成分中加以判断。属于第一种情形的词有:

> high + born → high-born(出身高贵的)
> table + talk → table-talk(餐桌漫谈)
> wind + swept → wind-swept(被风吹乱的)

如上所述,这一类词基本上不按英语正常的句法要求。譬如说"handpick"一词,若根据其正常的句法要求,其配列应该是"to pick by hand",在此之所以是"handpick",主要是注重语义,而忽略原配列中次要的语言成分,突出了具有重要语义信息的成分。

属于第二种情形的词往往是隐喻的结果,尽管语序也常常符合英语正常的句法排列,可语义却难以从其构成成分中直接加以推断,如:

> micro + serf → microserf(沉溺于网络的人)
> water + shed → watershed(分水岭)
> couch + potato → couch potato(终日懒散的人)

以上这类词的形成大多是因隐喻效应促使原配列中某一成分或各成分的语义变化,而且这种业已变化的语义逐渐以词化的形式被固定于某一个词,如"browbeat"一词,其内在的句法关系应是"主+谓"结构,其中"brow"原是"眉毛"之意,而"beat"在此原表示"上下移动"之意,大有汉语中的"吹胡子瞪眼睛"的意味,由此被隐喻为"严词厉色地威吓"。

(4) 短语词化

所谓短语词化,就是指任何属于某一个句法范畴的短语均有可能因语言表达的需要而被词化。应该说,这一类词与语义词化有重叠之处,可语义词化的重要特征是倚重于成分之间的语义关系或隐喻关系,而较少顾及彼此之间规约性的句法要求;而短语词化更侧重于正常的句法语序,即往往保留原配列中的语序。需要指出的是,任何一个句法范畴均有可能会被词化,如:

名词短语:all-in-one(连衣裤)　theory of everything(万用理论)

动词短语:stay-at-home(不爱出门的人)　meet-and-greet(见面会)

形容词短语:high-browish(高傲的)　free-for-all(免费的)

介词短语:with-it(追求时兴的)　across-the-board(包括一切的)

这一类词的词化来源主要是原本结构比较松散的短语,如"theory of everything"一词,应该说原先充其量也只不过是一个"名词+介词短语"的名词结构短语,经使用及被人广为接受后逐渐词化为一个词汇单位。

(5) 句子词化

所谓句子词化,就是指原本属于一个句子单位的语言表达,往往因语言表达之需而将整个句子当作一个整体概念,体现于语言表达的,就是凝固为一个词汇单位。这一类词一般不会收录于词典,但在实际的语言交际中却使用频繁,如:

an *I-know-you-and-you-know-me* friendliness(一种你我彼此相互了解的友好)

a *things-must-be-settled-at-once* attitude(一种事情必须马上解决的态度)

a *why-does-it-always-have-to-happen-to-me* air(一种为什么老发生在我身上的神态)

由此可见,这一类词都是从原先的句子词化而来,在语言使用中起到一个单词的作用。

(三)形态学的构词研究

65. 如何判定英语的词化词?

若一个由若干成分组合并经词化而形成的词,在书写上是凝固的,或由连字号连接,或由连接音连接而成,如"darkroom、before-tax、handicraft"等,那么要判定这一词是否已完全具备了一个词的全部特征,这是较为容易的。然而,若一个业已词化的词是以某种开放式的形式出现,即词化词的各成分是已开放的书写形式出现,如"assisted suicide"(辅助自杀)和"automated teller machine"(自动柜员机)等,那么我们又该如何判断这已经是一个词呢?我们认为,不论是各成分业已凝固的词抑或是各成分依然呈开放式的词,业已词化的词必须具备两个必要条件:一是句法上的独立性,二是语义上的一体性。

(1) 句法上的独立性

一个原属于自由的语言配列经词化后,必须在句法上作为一个独立的词汇单位,具有单独词位的功能。那么该以何种方式来检验一个词化的词在句法上已具备了独立性? 我们认为,一个词化词在句子中必然作为一个能独立运用的句法范畴,或是名词,或是动词,或是形容词,或是副词等,如"adult day care"(成人日托服务)这一业已词化的词,在句法上是当作一个不可分割的统一体加以使用。试看下句:

Adult day care centers, which provide supervision in a group setting for aged or disabled people who live at home, have multiplied tenfold in the past decade to 3,000, and the trend is accelerating. (为住在各自家里的老年人或残疾人提供集体看护的成人日托服务中心,在过去十年中增加了 10 倍,达到了 3 000 家,而且这一趋势正在加速发展。)

在此句中,"adult day care"是一个名词,起定语修饰的作用,这一词尽管在形式上看像一个短语,可在句法功能上却更像一个词,是一个不可分割的统一体。如果问:"What are these centers?"其回答应该是"They are adult day care centers",若省去其中的任何一个成分,那么都会影响其整体意义的表达。再说,这一词化词中的三个成分,彼此的次序不能变换,否则也会影响其整体意义的表达。其次,如果我们要加一个类似于"good"或"large"那样的形容词,那么这类形容词只能加在"adult"之前,却不能加在"day"或"care"或"centers"之前,而且这些形容词是"centers"的修饰语,而不是"adult"的修饰语。若加冠词"an"或"the",情况也是如此。若加数词"two"或"four"等,情况也一样。再说,业已词化的短语动词同样可以有屈折变化,如下句:

  He is not comfortable in an age when politicians have been so relentlessly <u>focus grouped</u>, polled and packaged. (在如今这个年代,政客们没完没了地接受焦点小组讨论,民意测验和包装,这使他深感不安。)

此句中的词化词"focus group",是表示"组织焦点小组讨论",在此是被动语态。

(2) 语义上的一体性

业已词化的词不仅在句法上已凝固为一个词汇单位,在语义上也已固化为一个整体意义,而往往不是各成分意义的简单相加,具有语义上的非组合性,如"by and large"(基本上)、"span dogs"(木材抓起机)、"goose step"(正步)、"inasmuch as"(因为)和"queer the pitch"(破坏)等,均是不可分析的语块(unanalyzable chunk)。

以上这些词若各成分一旦分开而单独存在,其语义就会发生变化,而且各成分具有不可替代性,如我们不能说"by and big"、"span cats"、"duck steps"、"inasmuch for"和"dig the pitch"等。各成分的任何替代均会导致意义上的改变。换言之,词内的诸成分是稳定的词汇单位,既不能随便增删,也不能随便替代。况且,词化往往是某种结构的浓缩,可其意义可能会发生某种程度的变化,如"driver"往往是指一种职业,而"a person who drives"并不一定是指一个人的职业。一个词的词化过程基本上是历时的,但其使用及与其他词之间的关系(inter-word relationship)却是共时的,如现代英语中的"husband",在古英语里是"hūs bonda",意即"house master"。随着语言的历时演化,这一短语逐

(三) 形态学的构词研究 **149**

渐发生词化，固化为"husband"，其语义也演变为"a man joined to a woman in marriage"。这一词的语义与"wife、boyfriend、girlfriend、fiancé、fiancée"等的语义关系却是共时的。

语言中的词化是一个值得我们研究的现象。语言中的任何一个词的形成均经历过词化过程，因为词化就是词的形成过程。特定的词从产生之初进入语言使用，到固化为一个约定俗成被人广为接受的词汇单位，这是一个词化过程。尽管期间所牵涉到的过程或许十分复杂，种类也多样，方式也可能各有不同，可从共时的眼光看，业已词化的词均是词，是凝固和浓缩的，在句法上具有独立性，在语义上具有一体性。

66. 构词规则有哪些制约因素？

按理说，一种语言可以借助各种合理的构词规则（word-formation rule），构建出无限数量的新词汇，然而，这些规则并非万能，在其实际构词过程中常常会受制于诸种制约因素（restrictions）。我们在此借用 Haspelmath（2002：103—109）的观点，从五个方面谈谈构词规则的制约因素。

（1）音系制约因素（phonological restrictions）

音系因素对于英语构建新词具有制约作用，对于派生性后缀的黏附，其作用尤为明显，而对于前缀黏附，其作用并不十分显著。譬如说，若黏附派生性后缀，长元音[iː]和短元音[ɪ]就不能重复：

```
train → trainee         examine → examinee
free → *freeee          accompany → *accompanyee
```

音系因素还制约英语派生性后缀构建的交替性节奏规则（alternating rhythm）。一般而言，后缀黏附于词干需要合乎"强—弱—强"（strong-weak-strong）这一节奏要求。譬如说，英语派生性后缀"ize"似乎可以黏附于所有的英语形容词之后，但事实并非如此。若"ize"黏附于形容词词干，它就必须符合"强—弱—强"这一节奏要求，如：

′modern → modernize   inter′national → internationalize
se′cure → *securize   cor′rupt → *corruptize

(2) 形态制约因素(morphological restrictions)

在有些构词过程中,不只是词干的形态特性对词缀有特殊的要求,词缀对词干的形态特性也有特别的要求,不能随意黏附,如在俄语中,阴性名词后缀"-ja"只能黏附于本身具有派生后缀"-un"的词干上:

govor-un (talker) → govor-un-ja (female talker)
pljas-un (dancer) → pljas-un-ja (female female dancer)

(3) 语义制约因素(semantic restrictions)

在英语中,词缀的黏附还受制于语义,如英语前缀"de-"只能黏附于具有表示可逆性过程的动词性词干,因为"de-"这一词缀的语义本身就含有可逆之意。若动词性词干的语义具有不可逆的意义,那么"de-"就不能黏附,如:

acidify → deacidify   centralize → decentralize
assassinate → *deassassinate   incinerate → *deincinerate

在此我们之所以不能派生出"deassassinate"和"deincinerate"这两个词,是因为"assassinate"和"incinerate"所表示的行为过程在语义上具有不可逆性。

(4) 句法制约因素(syntactic restrictions)

在有些情况下,词的句法特性在构词选择中也能起作用,这主要关涉具有使役义(causative meaning)的动词派生过程,如在太平洋西部岛国的基里巴斯语(Kiribatese)中,前缀"ka-"只能黏附于不及物动词上,借以构建具有使役义的及物动词:

nako (go) → kanakoa (make go)
amarake (eat) → kaamarakea (feed)

(5) 同义制约因素(synonymous restrictions)

语言具有经济性,其构词必然也受到经济原则的制约。只要表达某一语义的词在语言中业已存在,那就不太可能再创造另一个新词与之共存,否则语言中就会产生许多冗余词。换言之,新词的构建必然会受到同义因素的制约。譬如说,英语后缀"-er"一般可以黏附于动词,表示特定行为的施事(agent),可是,这一构词规则不适用于后缀"-er"与动词"steal"的结合,否则就会构建出不必构建的新词"stealer",这是因为英语词汇中已经存在"thief"这一名词,用来表示"贼"。英语中类似的例子还有:名词"broom"不可能转类为动词"to broom",因为词汇中已经存在"sweep"这一动词;形容词"good"不可能附加副词性后缀"-ly",用以构建副词"goodly",因为词汇中已经存在能表达其意的副词"well"。

67. 英语同义词主要有哪些来源及语体差异?

英语的发展大致起始于公元450年,至今已有1 500多年的历史。这一漫长的演化进程大致可断代为三个历史阶段,即公元450年至1150年的古英语(Old English)时期、公元1150年至1500年的中古英语(Middle English)时期和公元1500年至今的现代英语(Modern English)时期。在这三个不同的演进阶段,均有大量的外来词涌入英语。早在古英语时期,就有Augustine传教团在公元597年到英国传教时所带来的许多具有拉丁语背景的词汇;公元9世纪至11世纪,斯堪的纳维亚人(Scandinavians)入侵了大不列颠岛,由此也带来了许多斯堪的纳维亚语词汇。到了中古英语时期,尤其是随着1066年来自法国诺曼底人征服英国之后,大量的法语词被引入英语;1382年,牛津大学神学教授Wycliffe将当时《圣经》的拉丁通俗译本翻译成英语,由此大量拉丁词也进入英语词汇;14世纪和15世纪上中叶,许多拉丁词借助翻译而走进英语,随后便在科学、神学、文学、法律、军事、医学等领域大显神通。随着文艺复兴运动的兴起,英语向拉丁语借用词汇达到了空前数量,其高峰期大约在1580—1660年之间,拉丁语词走进英语是长驱直入,十分便利,这是因为人们在从事各个学术领域如逻辑学、修辞学、几何学等研究时,需要频繁接触和使用从标准的拉丁语翻译过来的学术著作。与此同时,英国人同国外的接触更加频繁,由此又有许多法语词被引入英语。在此需要指出的是,在中古英语和早期现代英语时期,有许多希腊词伴随着拉丁词涌入英语,有些希腊词在前期是先走入拉丁语,在拼写和屈折变化等方面已被拉丁语化(Latinized),然后再通过拉丁语被借用到英语,由此在英语里拉丁词源和希腊词源有时会让人真相难辨,我们在此将这些词权且当作拉丁词来处理。

在这些不同的历史演进阶段,大量的拉丁词、拉丁词缀和法语词移入英语,给英语带来了丰富的词汇资源,同时也造就了英语词汇中大量同义词的产生。然而,这些同义词往往并非绝对意义上的同义词,多多少少存在不同程度的语体差异,用以满足语言表达的各种不同需求,否则就不符合语言的经济原则。一般而言,只要语言中已经存在表达某一概念的词,那么就不太可能另起炉灶,再去构建新词,或借用他国语言的词来与本国的语言资源抗衡或比肩。而英语中之所以共存许多同义的本族词和外来词,就是因语言表达所需而发生。

同义词大致可分为通俗(popular)、正式(formal)和学术(learned)三个层面,而这三个层面在当代英语的实际使用中属于三种不同的语体,即通俗体、正式体和学术体。如上所述,英语中同义词的这三个层面是在英语的历史发展过程中形成的,具有历时性,可其结果对当代英语的语体产生了明显的共时效应。如:

英语	法语	拉丁语
fear	terror	trepidation
holy	sacred	consecrated
start	commence	initiate
weary	fatigued	exhausted

一般而言,英语词属于通俗体,法语词属于正式体,拉丁词属于学术体。多数情况下,属于这三种不同文体的词语不能随便交替使用,如句(1)、(2)和(3):

(1) He told me he was coming.

(2) This article informed us that Australia had the lowest standard of dental health in the world.

(3) The witness acquainted the police with the mysterious lights that appear nightly in the abandoned house.

显然,(1)中的"tell"属于通俗体;(2)中的"inform"属于正式体;(3)中的"acquaint"属于学术体,常常用于法律公文。

68. 为什么说"今天的词法曾是昨天的句法"?

"今天的词法曾是昨天的句法"(Today's morphology is yesterday's syntax)一语为著名语言学家 T. Givón 的名言,他是使 20 世纪 60 年代西方语言学界重新对语法化研究产生兴趣的关键人物。Givón(1971)在《历史句法学和共时形态学:一位考古学者的田野旅行》(Historical syntax and synchronic morphology: an archaeologist's field trip)一文中提出该口号。其用意是指语法形成的单向性路径:实义词 > 语法词 > 附着形式 > 屈折词缀。也就是说,实词逐渐过渡为句法上独立的语法词,接下来语法词发生语音销蚀,成为半独立的附着形式,最后发展成为黏附形态,如屈折性词缀。Givón 在文中借用大量的非洲语言的证据,表明现代语言中由词干和词缀构成的动词形式可以追溯到更早的代词与独立动词的搭配这种句法形式。

我们在此不妨以非洲的斯瓦希里语(kiswahili)为例来了解 Givón 的这一观点。

(1) Ni-ta- ku- pata
I-FUTURE-you (object) -get
'I will get you'

从(1)可看出,斯瓦希里语的语序是 SOV(主语—宾语—谓语),主语宾语之间有个时体标记中缀。Givón 认为,该中缀其实是动词前缀的残留,由此可以看出,斯瓦希里语原本的语序应该是 SVO(主语—谓语—宾语)。这一假设可以从现代班图语族中还保留 SVO 的语序中得到验证(斯瓦希里语是班图语族中的一种语言)。因此,从该例可以看出,今天的词法确实可以昭示昨天的句法。

这种句法转化为词法的现象在语言中普遍存在着。汉语的形态不明显,因此这种句法的演变最终很难形成黏附词缀,而只是形成词语,有学者称该过程为词化(董秀芳,2002),所指的就是从大于词的自由组合的句法单位演变为词的一种变化,如汉语中的动宾短语演化为动宾式的复合词。对此,汉语的"得罪"一词的形成就是一个很好佐证。"得罪"一词原本是一个动宾短语,如:

(2) 得罪于天子。(《诗·小雅·雨无正》)
(3) 子华由是得罪于郑。(《左传·僖公七年》)

"得罪"之后介宾结构的存在表明它不能直接再接一个宾语,但是后来,"得罪"嬗演为一个动词,其后又可以直接带宾语,如:

(4) 其舍人得罪信,信囚,欲杀之。(《汉书·韩信传》)

显然,从动宾短语到动词,"得罪"的内部结构发生了变化,原来句法层面的边界消失,词化的过程由此完成。现代汉语中的"得罪"就是作为及物动词来使用,其后一般须加宾语。Givón 的名言在汉语中或许可以置换为:现代汉语词法曾是古汉语句法。当然,这一观点尚需更多语料的证明和进一步的考索。

再如现代英语中的连词"because",其实是一个复合词,在中古英语时期,原是一个介词短语"bi cause",即"by cause",借自古法语的"par cause",意即"by the cause"。若要表达"由于某事的原因"之意,那么就应表达为"by the cause of sth.",今天在英语中依然沿用的介词短语"because of"就是这一结构的残留,如:

(5) I said nothing about it because of his wife being there. (因他妻子当时在场,这件事我没说任何话。)

在中古英语时期,若"bi cause"需要接一个表达具体原因的定语从句,那么这一介词短语就需跟上从句引导词"that"或"why",而紧跟"why"

(三)形态学的构词研究

这一现象,即"because why"这一固定表达,至今依然保留在英语的一些方言之中,其语义就是"why"之意,如:

(6) He didn't show up in class this morning. Because why? (今天上午他没来上课。这是为什么呢?)

由此可见,英语中的许多词,若追根溯源,很有可能与以往的句法相关。

69. 何谓心理词典?

所谓"心理词典"(mental lexicon),就是指"永久性地储存于记忆中的词的表征"(Carrol, 1999: 102),即词的心理表征(mental representationss)。它不是一本具体的词典,其词条也不像具体的词典往往以字母顺序排列。其内含的信息量远远多于平常的具体词典,人们可以通过词的形式及其意义等多种路径提取(retrieve)心理词典中的相关信息。

"心理词典"这一术语,国内学界有些学者称之为"心理词库"或"心理词汇"。在英语里,"mental lexicon"也有另一个名称,即"internal lexicon"(内部词典)。我们在此之所以将其称为"心理词典",是因为许多学者认为,储存于大脑中的词如同收录于一般具体词典中的词一样,我们都可以搜寻得到。所不同的是,查看一般具体词典中的词,我们常常是借用手来翻寻,而若要提取储存于大脑中的词,即想要提取储存于心理词典中的词,我们所依凭的是某种因素的激活(activation)。Radford等学者(1999: 233)就是将"mental lexicon"称为"the mental dictionary of a language"。他们认为,心理词典肯定包容已经储存于大脑的某一语言中所有词位(lexeme)的词项。Caron(1992: 45)也认为,粗略地讲,可以从一本词典的角度来考虑记录于记忆中的词汇,也就是说,储存于记忆中的词汇,其每一个词项都含有为识别、理解和使用特定的词所必需的信息。Aronoff和Fudeman(2005: 52)明确指出,语言学家使用"lexicon"这一术语,就是指心理词典。但是,不论怎样叫法,就其内涵而言,至少有两点学界是认同的(Aronoff & Fudeman, 2005:

52):一是心理词典就是一个储存于大脑的各种不可再切分的词素单子(list);二是心理词典是一个关于不规则词形或任意性词形的单子,正因这些词形是不规则的或任意的,所以必须记忆于大脑。就其研究焦点而言,就是探索储存于人类大脑的词汇组织及词汇特性。这种组织和特性包括词的意义、词的形态、词的发音、词素以及词与词之间的彼此联系等。

需要提及的是,人们对语义的激活过程在心理词典理论里被叫做词汇通达(lexical access)。能激活大脑中的词汇的,主要有两个方面:一是对某一个词的感知,譬如说,我们在书上看到"cloud"这个词时,便认为这个词是我们所熟悉的词,然后就提取我们记忆中对这个词的知识,并将这种知识与我们的阅读理解结合起来;二是一个词的激活,是通过与之有关的别的词的作用,譬如说,如果我们看到"bank"这一个词,便会想到与之有关的"money"、"account"、"deposit"等;如果我们看到"dining-room",我们可能便会联想到"sitting-room"、"bedroom"、"bathroom"、"kitchen"等。

在20世纪80年代至90年代,许多语言学家倾力于心理词典的探索。这些探索融认知模式、心理模式、心理表征、记忆中的意义表征、词语识别(lexical recognition)和理解、词项检索模式等于一体,展开各项探究性的工作。关于词作为整体还是以词素等构成成分储存于大脑,以及到底携带多少相关的句法信息、语义信息、音系信息、语用信息等,学者们至今意见歧出。心理词典对于语言的处理十分重要,如词语识别中的语言理解,即词汇通达,就包括音词匹配和词义筛选。

(三) 形态学的构词研究

（四）形态学的学科交叉研究

70. 何谓形态音位学？

词的词素与其音系因素之间往往含有复杂的关系。音系因素可能会对词素的形式产生影响；反过来，词素的形式也有可能会影响音位。譬如说，表示"和"、"共同"或"联合"之意的英语前缀"co-"，因受制于音系因素往往会出现四个词素形式变体："con-"、"com-"、"col-"和"cor-"。"co-"若出现于/d/、/f/、/s/、/n/、/g/、/j/或/v/等音之前，那么就会变成"con-"，如"confirm"、"concenter"、"condense"等；"co-"若出现于/m/、/b/或/p/等音之前，那么就会变成"com-"，如"commuter"、"combine"、"compact"等；"co-"若出现于/l/音之前，那么就会变成"col-"，如"colleague"、"collaborate"等；"co-"若出现于/r/音之前，那么就会变成"cor-"，如"correlate"、"correspond"等。英语前缀"co-"之所以有这些变体，实际上就是受制于音系因素的同化（assimilation）。

再者，词素的形式对音位也会产生影响。如英语中存在溶合性词缀（integrated affixes）："-al、-ian、-ical、-ion、-ity、-ive、-ous、-y、in-"等。这种词缀往往具有四个典型特征：一是往往处于重音指派域（the domain of stress assignment）；二是往往会引发（trigger）并经历各种形态音系变化；三是带有溶合性词缀的词会表现出单词素词（monomorphemic words）的音位组配（phonotactical）特征；四是往往出现于接近词根之处。这些特征常常会引发重音转移（stress shift）；相反，中性词缀

(neutral affixes)就不太可能会导致这些变化,因为中性词缀往往具有与溶合性词缀截然相反的四个特征:一是往往不是处于重音指派域;二是一般不会引发或经历各种形态音系变化;三是具有中性词缀的词可能会表现出各种音位组配特征;四是往往出现于远离词根之处。溶合性词缀与中性词缀对重音的具体影响表现如下(以英语的若干后缀为例):

词基	具有溶合性后缀的词	词基	具有中性后缀的词
′pseudonym	pseu′donymous	′bounty	′bountiful
′real	re′ality	′natural	′naturalness
′photograph	pho′tography	′rickets	′rickety
′comedy	co′median	ac′company	ac′companiable

在此值得一提的是,英语本族语后缀的情况则迥然不同,以"-dom、-er、-ful"为例,当它们构成后缀时,如"freedom、actor、sorrowful"等,一般不会改变词基的重音,它们可置于英语本族词和非本族词之后,但一般不黏附于非自由词根之后。从中可以看出,英语派生形态具有两种不同的词汇阶层,展示出不同的音位行为。

从上述实例不难看出,词的词素与其音系因素之间往往具有许多互动关系,音系因素可能会对词素的形式施加影响,同样,词素的形式也有可能会对音位产生影响。正因如此,语言学家发现,形态学与音位学具有千丝万缕的瓜葛,由此沉潜于对影响词素形式的音系因素进行分析和分类,同时也对影响音位形式的词素加以分析和分类。关于这一方面的研究,在欧洲学界常采用形态音位学(morphophonology 或 morphnology)这一术语,而在美国学界,学者们却偏爱形态音位学(morphophonemics)这一术语。

71. 何谓形态语义学?

简单地说,形态学是研究词及其内部的形态结构,而语义学是探究语言的意义以及能指(signifier)与所指(signified)两者之间的关系。但是，在语言学研究中，两者均属语言学的分支，具有紧密的关联性。一旦顾及词内部诸成分的意义及其关系，那么形态学与语义学就直接牵涉其中。词内部的词素能传达特定的意义，如词根、词缀等词素均具有意义。若要研究词内部诸成分及其语义关系，那么这既是形态学的研究对象，又是语义学的考察内容。譬如说，英语中的屈折后缀"-s"、"-ed"和"-ing"一旦出现于词的内部，就能表达特定的时态意义："-s"常表示现在时主语第三人称单数；"-ed"常表示过去时态；"-ing"常表示进行时。再如，在"retake"一词中，前缀"re-"表示"再"之意，"take"表示"拿"之意，两者组合在一起，表示"再拿"。

在当下语言学界，有一个新词叫"morphosemantics"，即"形态语义学"，就是专指形态学与语义学两者之间的结合，其任务就是要探究词内部诸词素的语义及词素之间的语义关系。简而言之，形态语义学就是以词的内部语义（the internal meanings of words）为探究对象。

我们探讨词内部词素的语义以及这些词素语义组合为词的方式，这就如同我们讨论短语内部词的语义以及这些词义的组合方式。前者属于词内（word-internal）成分的语义检视，后者属于词外（word-external）的语义考察。也就是说，形态语义学属于词内的语义窥究，而短语语义学（phrasal semantics）则属于词外的语义探究。其实，句子语义学（sentential semantics）也是属于词外语义考察。

显然，我们研究形态语义学，其主要探讨对象不是单词素词（monomorphemic words），如"light、desk、cup、moon"等，而是形态复杂词（morphologically complex words），这是因为唯有形态复杂词才会牵涉到词内部各词素的语义及其关系，如英语后缀"-er"，若黏附于动词，就会产生形态复杂词，并且所形成的这些形态复杂词可分为四个类别，而这四个类别可大致归为两个大类。这四个类别是：

  人：worker（工人）、driver（跳舞者）、gambler（赌博者）、teacher（教师）等；

  动物：warbler（刺嘴莺）、trotter（快步马）、pointer（猎犬）、

> retriever（拾猎犬）等；

实物：eraser（擦除器）、shutter（百叶窗）、blotter（吸墨用具）、fertilizer（肥料）等；

非实物：thriller（刺激因素）、clincher（起关键作用的论点）、eye-opener（使人大开眼界的经历）、reminder（提示）等。

从语言的实际使用角度看，在此的施事名词(agent nouns)（即关于"人"的名词）又可分为习惯性（habitual）动作和非习惯性（non-habitual）动作两类，如"She is a teacher"。显然，这句话的意思是"she"的职业是"teaching"，而"teach"是"she"的职业性动作。而如果说"All the ticket-holders may enter"，那么，在此的"ticket-holder"（即"持票人"），其持票的动作往往是非职业性的。由此可见，关于由"X-er"构成的形态复杂词，其整体语义关涉到其内部诸词素的语义及其彼此之间的关系，这是形态语义学所要考察的重点。

72. 何谓形态句法学？

所谓形态句法学（morphosyntax），就是探究既具形态特性又具句法特性的语言单位(linguistic units)。换言之，组成语言的有些单位，既可从形态准则（morphological criteria）来定义，又可从句法准则（syntactic criteria）来界定，形态句法学就是探寻能统摄这些语言单位的各种规则。也正因为语言中一些单位不仅需要从形态学角度来考量，又需要从句法学视域来审视，所以在形态学研究中形成了一个新的研究视角，即形态句法学，从形态和句法双重角度考察语言中的一些单位。

譬如说，语言的词形变化表（paradigm）就是与某一特定词位(lexeme)相联系的各种词形(word forms)表。我们所熟悉的例子就是英语动词的各种词形变化(conjugations)以及英语名词和形容词的各种词形变化(declensions)，如：英语动词词位"DRIVE"的各种词形变化有"drive、drives、driving、drove、driven"；英语名词词位"MAN"的词形变化有"man、men";英语单音节形容词词位"SHORT"的词形变化有"short、shorter、shortest"。英语动词的词形变化,其主要因素是时(tense)、体(aspect)、态(mood)、数(number)等;英语名词的词形变化,其主要因素是数;英语单音节形容词的词形变化,其主要因素是原级、比较级和最高级;英语代词的词形变化,其主要因素是人称(如第一人称、第二人称、第三人称)、数(单数、复数)、性(gender)(阳性、阴性)、格(case)(主格、宾格、所有格)、物主代词、反身代词等。

英语动词、名词和形容词的各种词形变化,既是形态学的研究对象之一,又是句法学所关注的焦点之一。说其是形态学的一个研究对象,是因为形态学所考察的对象就是词及其内部结构,尤其关注词在词形和语义两方面的系统共性变异(covariation)。以上所举的关于英语动词、名词、形容词和代词的诸种词形变化就是例证。然而,这些词的词形变化不单单是形态学的任务,也是句法学的关注点,这是因为这些词的词形变化往往受制于句子结构的构建规则,即句法,如英语动词的屈折变化不是任意的,往往取决于句法要求,若是过去时态,就需要用过去形式;若是完成时态,就需要用过去分词形式;若是进行时态,就需要用现在分词形式。再者,英语代词的人称和数又决定了句子中英语动词的形式,若句子主语是属于第三人称单数,又是表示一般现在时,那么其动词就需要加屈折形式"-s",因为英语句法要求动词的形式必须与主语的人称和数一致。其实,英语名词也是如此。若属于第三人称单数的名词充任句子主语,又是一般现在时,那么句子中的动词也须附加屈折形式"-s"。总之,英语动词的屈折变化以及名词和代词的词形变化均不能游离于英语句法的要求,在将这些词形列入词形变化表时,需将句法规则的要求纳入考虑框架。其次,在界定何谓"词"时,一个较为通俗的定义就是"词是句法的最小组成部分",然而,一个句子句法的确定,又是以其中的词与词之间的彼此关系来决定的,而词的形态变化往往能体现词处于其中的句法特征;反之,句子句法规则的要求能决定其中词的形态变化。由此可见,形态学与句法学两者之间具有密切的关联与互动。因此,扼要言之,形态学是探究词的结构,而句法是探寻由词组成的句子结构。这正是形态句法学的研究重点。

73. 何谓形态语用学？

形态学是以探究语言中词的形式为旨归，尤其关注词的内部结构，而语用学则是以语境为视域探究语言的实际功能，注重语言使用时诸种表达的内在机制和动机。若不仔细思量，会认为形态学与语用学两者毫不搭界。其实，两者常常具有紧密的关联，因为在特定语境中词的构造，尤其是新词的构造，往往具有特定的语用功能，即在特定的语境中词的构造往往具有语用因素（pragmatic factors）。在此我们至少可以从四个方面来交代语言形态与语用之间的关联性。

一是词缀黏附于词干，往往受制于语义，如在英语里，若要表达"drive"这一行为的施事，那么就在这一词干上黏附后缀"-er"。然而，词缀黏附于词干有时并非完全受制于语义，偶尔会受到语用因素的牵引，如"consumerist"（消费主义者）和"physicianer"（内科医生）这两个词，从表象上看其构词成分有累赘之嫌，因为在"consumerist"一词中，其后缀"-er"和"-ist"均表示施事，即出现双施事（double agentives）后缀；在"physicianer"一词中，其两个后缀"-ian"和"-er"也均分别表示施事之意，也是双施事。显然，这两个词的构词成分具有语义冗余（redundancy）信息，为何会出现这种情况？这似乎难以从语义规则上找到答案。最有可能的答案就是在词干上黏附双施事后缀，是出于语用上的强化，即强化其施事性。

二是在英语中，借助后缀将名词派生为形容词的手段有多种，其中有两个手段就是在名词后黏附形容词后缀"-ic"或"-al"，均表示"具有某种性质的"或"与某事有关的"等语义。饶有趣味的是，这两个形容词性后缀常常同时黏附于许多形容词词尾，出现形容词性后缀连用现象，如"economical"和"historical"等。诚然，"-ic"与"-ical"两式有时含义不尽相同，后者往往比前者有进一步的特殊意义。然而，在多半情况下，"-ic"与"-ical"两式在语义上几乎没有大的区别，很难找到一条普适的规则可以说明某个名词应黏附哪一个后缀才是正确的，如

"prehistoric"与"prehistorical"、"politic"与"political"、"periodic"与"periodical"、"poetic"与"poetical"、"tragic"与"trgical"等等,彼此几乎同义,在用法上也并无重要区别,常可互换使用。我们在此唯一能解释的是,后缀"-ic"与"-al"连用,就是为了在语用上强化某物具有某种性质或某物具有关联性,因为我们构词往往就是为了提供更多的信息容量。

三是在英语中,形态手段的操作往往会引发附加的话语意义,如问句"Wouldn't you read this booklet for me?",在此,"booklet"虽名为"小册子",可实际上可能是指一本厚厚的书,但在此使用小称词(diminutive)"-let"作为"book"的后缀,其意在于从语用角度降低这一请求的份量,明显具有语用含义。

四是人们临时构造新词,往往具有明显的语用意图,如"I would love to Houdini these examinations"和"John was Houdini'd and died"两句,其中的"Houdini"一词,原是一个人名,若受众不知其人及其历史,就难以知晓其中的含义。H. Houdini(1874—1926)是欧洲历史上的一名魔术师,以脱逃术及特技表演留名于世。在表演时他常将自己从手铐、铁链、绳索和约束衣中解脱出来,而且通常在被绳索吊着或困在水中时表演,有时也会在众目睽睽之下直接表演。他还能从一个看似牢固的牛奶罐里脱逃出来,甚至会把自己倒吊在屋顶上来表演约束衣脱逃术,以增加悬疑效果。他还常邀请台下的观众上台打击他的下腹部而安然无恙。1926年10月,他接受了一位来自加拿大麦基尔大学的拳击学生击打其下腹部,因未做充分准备而遭受重击,最终导致死亡。若了解了Houdini的其人其事,那么就能懂得"I would love to Houdini these examinations"和"John was Houdini'd and died"这两句中"Houdini"的含义,前句中的"Houdini"是名词用作动词,其意是:"逃脱",后句中"Houdini"也是名转动,在此属于被动语态,其意是表示"下腹部受到重击"。由此不难看出,若要理解一个特定的词的词义,就需要顾及特定语境中的特定语用含义。

正因词的形态有时涉及语用因素,所以新近几年出现了形态学的一个新分支,即形态语用学(morphopragmatics),专门研究形态学与语用学两者之间的关系。这一形态学分支融形态学和语用学于一体,借助对词的形态变化的观察,包括对构词和屈折变化的考察,能较为全面地揭示词的语用意义,即描写特定语境条件下通过形态运作获取语用效果(pragmatic effect)。

74. 形态学与词汇学有哪些共性与个性?

所谓形态学,就是指研究词及其内部结构(Haspelmath 2002:1)。Aronoff 和 Fudeman(2005:1—2)对此作了稍为详细的界定:形态学研究词,涉及词的内部结构及其构词方式。而所谓词汇学,就是对一门语言中的所有词汇进行研究(Lipka,1992:1)。如果说这一界定失之笼统,那么 Bussmann(1996:280)对此有较为详尽的定义:词汇学是研究并描述语言的词汇结构,同时也考察各种语言表达的内在语义结构以及单词之间的诸种关系。从以上界定可以看出,形态学与词汇学既有共性,又有个性。

其共性表现于两者均聚焦于词。也就是说,词是形态学和词汇学的交汇点。因此,不论是形态学抑或词汇学,均涉及词及其本质、词素、词位、词缀、屈折词、派生词、复合词等内容,至少会对这些概念作出界定和描述。总之,两者均以词为枢纽,展开并衍生出各自所关注的方方面面的研究。

然而,形态学与词汇学又彼此相异,各有其研究的侧重点,也就是说,两者各有其个性。形态学的个性表现于形态学研究的重心落在语言中词的内部形式。从英语"morphology"一词的内部构造,就不难看出,其宗旨就是要研究"morph",即"形"或"态";二是"-ology",意即"the scientific study of a particular subject",其汉语意思就是"对某一特定学科进行科学研究"。由此可见,"morphology"一词就是指"the scientific study of shapes or forms",意即"对形状或形态进行科学研究",也就是形态学。换言之,形态学是以探究语言中词的形式为旨归,尤其关注词的内部结构,即词是以何种形式构造而成,由此关涉到词的概念和构词的诸种成分,如自由词根、非自由词根、前缀、中缀、后缀、词素、词素变体、词位、词基、词干,同时也会涉及词的构造途径,如词的派生变化、词的屈折变化、词性转换、新词构成、复合词建构、构词成分的能产性与诸种制约因素等。另外,形态学还会论及词的形态与音系、语义、句法、语用等因素的关联。总之,形态学的中心任务就是究考词的内部结构以及诸成分之间的关系以及彼此相互制约的诸种因素。值得一提的是,印欧语言大多是屈折语,所以语言学家特别重视形态学的研究,而汉语是孤立语,所以形态学研究在中国并不十分发达。

而词汇学,尽管也探究词,可顾名思义,就是研究语言中的词汇,即语言中的所有词汇。若不是对比词汇学,那么词汇学的聚焦点就是一门语言中的所有词汇。英语术语"lexicology"借自希腊语,由两个成分构成,即"lexicós"和"-ology"。"lexicós"表示"lexis",即所有的词汇,而"-ology"如上所述就是指"对某一特定学科进行科学研究"。因此,词汇学就是研究构成一门语言的所有词汇,包括古词的形式(archaic forms)、词的各种变体、词的区域差异、词的历史形成及演化等。也正因为词汇学关注一门语言中的所有词汇,由此必然牵涉到各种词与词之间的横向关系研究,即词际(inter-word)的诸种语义关系的研究,如词群、搭配关系(collocations)、联想场(associative field)、语义场(semantic field)、词义关系(sense relations)、同义关系(synonymy)、同音异义关系(homonymy)或同形异义关系(homography)和一词多义关系(polysemy)、反义关系(antonymy)、上下义关系(hyponymy)、部分与整体关系(meronymy)和分类关系(taxonymy)、短语、习语等。简言之,词汇学涉及许多词汇语义学的内容。在此应该指出的是,词汇学研究往往是为词典编纂服务,也就是说,词汇学的研究成果往往被应用于词典的编写,所以有人说词典编纂是应用词汇学。也正因如此,许多词汇学专著也都往往会涉及词典编纂的探讨。另需提及的是,因长期受训诂学的影响,词汇学在汉语研究中特别受重视,已有许多专著问世和论文发表。

75. 形态结构与心理有何种关系?

如果说语言与心理具有紧密的关联性,那么词的形态自然也与心理具有不解之缘,因为词的产出与理解始终离不开人的心理作用。

一般而言,形态学主要致力于对词的内部结构的研究,包括对现有的词的内在构造进行探索并对潜在的(potential)的词的构造进行预测。说其是探究现有的词的内在构造,是指对人们业已使用的词的内部结构进行分析,如经过对"landscape"(风景)一词的分析,可以得出,此词是由两个成分构成,即"land+scape"。说其是预测潜在的词的内在结构,是指可以借助现有构词规律,预见将来可能会出现的一些新词的结构,如根据英语的现有构词规律,我们可以从"landscape"这一构词规律演绎出其他潜在的词,如"mountainscape、grasslandscape、valleyscape、highlandscape、snowscape、cloudscape、pondscape、riverscape、oceanscape、roofscape"等词,尽管这些词可能尚未被收入现有的英语词典,可凭借英语构词知识,我们不难把握这些新词的语义。

然而,不论词的结构如何,均是人的心理产物,而且关于词的形态知识均储存于人的大脑,便于使用或理解时随时提取。语言学的心理词典研究,就见证了形态学与心理的密切相关性,因为心理词典就是考察人脑中的抽象词典,涉及大脑记忆中所储存的词的语音、形态、句法和语义特征。譬如说,英语的"musician"一词,在心理词典中应该储存着其语音信息/mjuːˈzɪʃən/,而且应该知道,以"-ian"这一后缀结尾的词,其词的重音应落在这一后缀的前一个音节上,如"Caˈnadian"、"hisˈtorian"、"maˈgician"等;在心理词典中,还应储存着"musician"这一词的形态信息,即此词是由词根"music"附加后缀"-ian"构成。除此之外,在心理词典中,储存着这一词的句法信息,即此词是一个名词,而且是一个可数名词,在句子结构中通常可以作主语或宾语。同时,心理词典还储存着此词的语义信息,即表示"音乐家"之意。

但是,形态结构知识与心理词典往往具有互动作用。形态结构知识能创造规则词(regular words),而心理词典除了储存规则词的形态结

(四)形态学的学科交叉研究

构之外,还储存着不规则词(irregular words)的形态结构,如英语名词"tree、operator、ground、speech"的复数形式"trees、operators、grounds、speeches"是来自英语词的形态知识,因为这些复数形式属于规则词,而名词"child、woman、mouse、tooth"的复数形式不是"childs、womans、mouses、toothes",而分别应是"children、women、mice、teeth",这些名词复数形式的形态操作知识提取于心理词典,因为这些复数形式属于不规则名词。其实,英语中关于规则动词与不规则动词的形态结构也是如此,如"like、allow、store、check"的过去式分别是"liked、allowed、stored、checked",这些动词属规则动词,其过去式形式源自形态知识,而不规则动词"catch、begin、come、go"的过去式却不是"catched、begined、comed、goed",而是"caught、began、came、went",这些不规则动词的形态结构往往提取于心理词典。

再者,心理词典有时还能制约形态结构知识发挥作用。譬如说,在英语中,以"-ous"结尾的形容词若转变为名词形式,那么依循英语形态结构知识,应是先去掉"-ous",然后再黏附"-osity",如"generous、pompous、curious、monstrous"这些形容词的名词形式分别是"generosity、pomposity、curiosity、monstrosity"。然而,同样是以"-ous"结尾的形容词"furious",其名词形式却不是"furiosity",而是"fury",这是因为在心理词典中,已储存着"furious"的名词形式"fury",就是这一业已储存的名词形式制约了"furiosity"这一形式的派生。这种现象在心理词典研究中被称为构词的"阻挡"(blocking)心理机制,实际上就是指在心理词典中具有相同语义的词的先行存在会阻隔本应可以依据规则派生出来的词的产生。

由此可见,形态结构知识不能游离于心理词典。尽管形态结构知识能构建出合乎形态规则的词,可心理词典对形态结构知识的效能能起到制约作用,两者之间具有紧密的关联。

76. 形态学的认知研究有哪些表现?

认知语言学作为最近30年来重要的语言学范式,其强大的解释力已经在语言各个层面的研究中得到了较为明显的展示。王文斌(2005)认为,认知语言学的研究角度是21世纪英语词汇研究的一个最重要的研究视角。从认知角度对传统词汇学所研究的内容重新进行审视,如以新的学术视域检讨量词、复合词、一词多义现象、构词法、动词名词化现象、搭配关系等的传统研究,是21世纪前10年词汇研究的最大特点。认知语言学和形态学的交叉研究也是学术焦点之一,我们不妨从两本著作着手来看其融合过程。一是 Dirven 和 Verspoor(2004)主编的《语言和语言学的认知探索》(*Cognitive Exploration of Language and Linguistics*)中有专章探究形态学,即"表达意义的建筑材料:形态学"(Meaningful building blocks: Morphology);二是 Štekaue 和 Lieber(2005)主编的《构词法手册》(*Handbook of Word-Formation*)中开辟专章从认知语言学的视野来考察构词法:"构词法的认知阐释"(Cognitive Approach to Word-Formation)。

  《语言和语言学的认知探索》一书中的形态学一章主要可分为三部分:构词法和命名、复合词的认知阐释和派生词的认知解读。作者以"手机"的各种英语说法为例,如"mobile telephone、cellular telephone、pocket telephone、digital phone、portable phone",阐析各种命名的背后都反映了人们对手机的识解以及对其某一方面的凸显。美国人用"cellular telephone"或"cell phone",其着眼点是手机的内部蜂窝式的系统结构。英国人着眼于其移动的特点,故多用"mobile telephone"。美国英语和英国英语的词汇差异在很多方面都可以归结为对同一事物认知视角的差别。在复合词部分,作者从概念整合的角度探讨了复合词的语义。在概念整合过程中,人们会从两个概念中挑选要素并将其整合为一个新的复杂概念。譬如说,"kitchen chair"就是椅子域和工作域的整合,也就是说,该椅子是专为厨房活动设计和使用的,所以比较结实,但不会特别舒适;而"rocking chair"则是椅子域和休息域的整合,它能摇晃,上下摆动,有助于小睡。在派生词部分,作者认为词缀的演变是语法化的结果,词缀的语义延伸则和范畴化有关。比如后缀"-er",其最典型的意义为"施事",即经常做某动作或以之为职业的人(如

"teacher",经延伸该义生发出"住在某地的人"之意,如"villager、Londoner"等),继而延伸出实施某种行为所需要的工具,如"toaster、poker"等,同时也延伸出具有能帮助实施某种行为的人工制品,如"best-seller、reader(读本)"等。除此之外,"-er"还延伸出其他许多语义,如"me-firster"(唯我至上者)、"tryer-outer"(试用的新产品)、"down-and-outer"(穷困潦倒者)、"stay-a-whiler"(短期逗留者)等,这些复合词中所含的"-er"的语义,都是由原型意义延伸出的边缘意义,形成了后缀"-er"的辐射语义网络。

《构词法手册》介绍了在认知语法框架下,词汇及其语义和语音形式都可视作语法的一部分,词汇、形态和短语、句法并非是截然分开的,词汇、形态和句法的差异是一个程度上的问题,彼此之间界限模糊,有时难以区分。认知语法强调意象图式,认为所有的语言结构都是图式,是代表了较具体的认知事件的模式。同时,作者还讨论了"构词的图式",包括词的图式,词根、词缀和结构的图式,以及复合词的图式等。

形态学的认知研究已经应用到了汉语领域,如 Packard(2000)出版的《汉语形态:语言认知研究法》(*The Morphology of Chinese: A linguistic and cognitive approach*),也是汉语形态研究与认知研究交叉的一个很好尝试。

77. 形态如何习得?

儿童如何习得(acquire)自己母语的形态系统?许多语言习得研究者(如 Booij,2005;Clark,1993)对此进行了许多实验。这些实验表明,形态规则需运用于词,词是形态学习的第一步,因此,形态习得的第一阶段是习得单个的复杂词,能够从记忆中将其提取出来。第二步,儿童发现某些不断重复的规则,如在词后附加复数形式"-s",借以表示"多个"的概念。之后,儿童才可能将该规则运用于其他新的场合,创造出他们未曾见过的名词的复数。

凡规则都有例外。若遇到例外情况,形态习得就会做出适当调整,会呈现出明显的三个阶段:第一阶段,儿童通过死记硬背记住了规则动词和不规则动词的过去式。在这一阶段,他们所使用的过去式是正确的,如将"ask"变为"asked",将"go"变为"went"等;第二阶段,儿童发现了过去式的规则,即在动词后加"-ed",于是会将该规则应用于不规则动词,所以他们会造出"asked",但同时也会造出"goed",而不是"went",这就是过度概化(overgeneralization)现象;第三阶段,规则和系列的例外现象都习得了,儿童会造出正确的形式,而且会把这些正确的形式内化于自己的心理词典,如动词过去式"asked、went"等。由此可见,儿童的形态习得过程会呈现一个"U"字形:第一阶段习得动词过去式的正确形式逐渐增多,到了第二阶段过去式正确的形式却反而减少了,到第三阶段又会逐渐增加,而且会内化。该习得曲线具有普遍性,在很多语言习得过程中都是如此。语言习得某个阶段的过度概化现象反映了寻找规则是语言习得的重要组成部分。另一例子是荷兰儿童习得英源借词的复数情况,如"flat"和"tram"两词,儿童会将其复数变成"flatten"和"trammen",因为按照荷兰语的规则,以辅音结尾的单音节名词,若需变为复数,则要在其后黏附"-en"。但事实上,这两个词是外来词,需要黏附"-s"才能变为复数,这对荷兰儿童来说就是不规则变化,因为他们的心理词典尚未拥有该不规则的复数形式(Booij,2005:237)。事实上,这对于中国的英语学习者而言更是如此,因汉语几乎没有词形变化,跟英语迥然不同,若需要将"radio"和"tomato"变为名词复数形式,那么在其后到底该加"-s"还是"-es",这往往会让初学者困惑。

为何儿童在第一阶段死记硬背在记忆中储存了"went",第二阶段还会造出"goed"来呢?这可能是由于虽然"went"因其高频使用很早就存储于记忆中,但是儿童可能误以为"went"是一个英语动词的原形,这一点我们可以从儿童有时会造出"wented"一词得到验证。

形态习得一般有三个基本原则:一是显性(transparency);二是简单(simplicity);三是能产性(productivity)。有些复合词的语义只是其组成词的语义叠加,整体语义较为显化,而且其组成词的形式无需改变,又满足了简单的原则,所以就较易习得。儿童甚至会根据已有的词汇创造出新的复合词,如"lion book",意指"book about lion"(关于狮子的书)。据 Clark(1993:117)研究,转类词,如将名词转成动词来用(to gun 意为"to shoot"),英国儿童在两三岁时就已经习得了,这也是因其显性和简单使然。复合词和转类词之所以较早习得,还因为它们是英语中能产的构词。而对法国儿童来说,因为法语中的复合法和转类法能产性不强,而派生法能产性强,所以法国儿童会较早习得后缀法构词(Booij, 2005:239)。

儿童在形态习得过程中,还会有意识地比较并分析词语,并赋予其形态结构。比如学习"cornflake"(干玉米片)一词,他会问:"Does cornflake have corn in it?"(干玉米片中有玉米吗?);在学习"hamburger"一词时,他会问:"Does hamburger have ham in it?"(汉堡中有火腿吗?);学习"eggplant"时,更加迷惑不解了,为什么"鸡蛋植物"就是茄子呢?这种分析词语形态的行为表现,其实就属于"流俗词源"的思维方式了。

78. 形态如何进行语言处理?

复杂词存储于心理词典,但人的大脑是如何对其处理的?关于这一问题的许多方面在学界依然是一个谜。

实验表明(Katamba, 2005;Booij, 2005),复杂词有两种处理路径:一种是直接路径,另一种是间接路径。直接路径是我们在通达词汇语义时,不需要对复杂词内部进行分析,而是直接使用心理词典的表征形式;间接路径是指一个复杂词先被分析为组成词素,我们对各个词素语义通达之后,再来估测词的语义。

有数据显示,语言使用者在处理语言时可能会把词切分为更小的词素。比如,荷兰语使用者在作词汇选择时,若面对"非词"(non-words),那些词头和前缀一致的非词比没有前缀的非词要花去更多反应时间,也就是说,在对待非词时,使用者会把它的前缀层层剥离,这导致了处理时间的延长(Booij, 2005:250)。

两种路径的存在带来了"形态竞争模型"(Morphological Race Model)的假设(Frauenfelder & Schreuder, 1992;Baayen et al., 1997)。

在该模型中,两种路径对于词汇识别都会起作用,且相互竞争。如果该词语未存储于词汇记忆,通过词素分析的间接路径就会成为通向识别的唯一路径。如果该词语已存储于记忆,即该复杂词使用频率高,激活程度高,则直接路径就会比间接路径通达得快。而对于一个低频率的词,间接路径则更常用。在形态处理时,两种路径都处于运作状态,哪一种路径通达得快则取决于该复杂词的激活程度。

复杂词的处理还受到相对频率的影响。所谓相对频率,指的是复杂词的使用频率与其词基使用频率的比较。如果该复杂词比其词基使用频率低,则对其分析较容易,间接路径就比直接提取更为有效。若情况相反,则直接通达会成为最有效途径。以英语词"dazzlement"为例,该词的处理很可能会分析为两部分,即词基"dazzle"和词缀"-ment",因为"dazzle"比"dazzlement"更为常用。相反,"government"一词则会被直接通达,而不会被分解为"govern"和"-ment",因为"government"比其词基"govern"更常用。我们对"computer"一词的识解也是如此。下表是我们从 CELEX 数据库获得的词语频率数据。

	Frequency（词语频率）	Base Frequency（词基频率）
uncanny	89	20
unleash	65	16
unscrew	44	187
unaffected	54	169
unobtrusive	42	17
uncouth	34	2
unkind	72	390

虽然以上词语都以前缀"un-"开头,但显然我们的大脑对其处理的路径并不相同。我们会倾向把"uncouth"作为一个整体来直接通达,而对"unkind"则将其分成两个词素,通过间接路径处理。究其原因,这主

要是该词和其词基的相对频率所造成的。

形态竞争模型也可用作一种词汇产出模型,可帮助我们解释为什么高频的不规则形式能够在语言中长期存在,而低频的不规则形式很快就会消失。以"go"的过去式为例,我们可以直接通向心理词典,提取出其过去式形式"went",因为"went"是高频率的形式,它比我们通过间接路径分析规则创造的过去式"goed"通达得快。这种竞争模型解释了高频词为何会对通过规则造出的同义词产生封闭效应。

79. 形态学研究如何使用语料库方法?

著名语言学家 Leech(1997:9)曾说过:"语料库分析几乎在任何语言学分支或语言学习中都可以运用。"我们认为,形态学也概莫能外,不过相对于词汇、语法、词典学、语言教学和翻译学等领域,形态学领域的语料库应用相对较少,还有很大的发展空间。以往的研究主要集中于以下几个方面:

一是形态能产性(morphological productivity)的研究。Baayen 提出了基于语料库的能产性衡量方法,而且 Baayen(1993)认为,用单频词(hapax legomenon)来考察构词规则具有现时的能产性。所谓单频词,是指在一个语料库中只出现一次的单词。单频词可望产生最多的新语,即某一形态范畴的独现词数量与该范畴的新词数量相关。许多单频词预示着许多的新语,也表明了该构词规则的能产性。狭义的能产性是这样测算的:某一词缀的单频词的数量与含有该词缀所有词的数量的比率。Baayen(1993)的方程式 $P = V(1, C, N) / N(C)$。其中,P 代表潜在的能产性,$V(1, C, N)$ 代表某一词缀单频词的数量,$N(C)$ 代表含有该词缀的所有词的数量。

二是用语料库对某个或某组词缀进行研究。21 世纪初,语料库语言学专家 Gries(2001)以《英语"-ic"和"-ical"形容词的语料库语言学分析》为题撰文对这两类形容词的词义进行细致分析。Kaunisto(2007)的专著通过自建语料库考察了英语形容词词缀"-ic"与"-ical"的差异和变迁,书中翔实介绍了语料库的建构,核对词缀的历史来源,并以"classic/classical、comic/comical、economic/economical、electric/electrical、historic/historical、magic/magical"为个案,深度探讨了形容词后缀"-ic"与"-ical"的区分。Kettemann 等人(2004)则以英国国家语料库(BNC)和 OED 的对照探讨了英语中含有"eco-"词素的语义和频率。Mühleisen(2010)则以语料库为工具、以"-ee"后缀为个案探讨了英语的构词形式。

三是对形态标记的语料库标注技术的研究。Feldman 和 Hana(2010)的专著探讨了语料库中的形态句法的语料库标注技术。有了形态标注,就可以对语料库中某一类形态进行系统研究。

四是语料库在汉语形态学研究中的应用。如:Sproat 和 Shih(2001)通过自建语料库对汉语形态进行研究;尹海良(2010)通过语料库对现代汉语词缀与派生词自动识别问题进行了探索。

80. 定量和定性分析在形态学中有何作用?

语言学是以人类语言为研究对象的学科,其考察范围涉及语言的结构、语言的运用、语言的社会功能和历史发展,以及其他与之相涉的诸种问题。既然称为"学",那就意味着必须具备科学性。定量分析是任何科学研究最为常用的方法之一。所谓语言学的定量分析,就是指对语言呈现的外部特征按照一定的指标进行统计,并对有关的数据进行解释和分析。我们可以通过自建语料库的关键词索引行获得可靠的统计数据,把这些数据和通用语料库的数据进行对照,从而探索其词汇语义。

语言学属于人文科学,这也决定了其研究具有人文性。跟纯粹的自然科学不同,在语言学研究领域,有时数据并不能说明一切,需要我们采用定性描述的手法,凭借我们的直觉、经验,对句法、语义、音系等的性质、特点和发展变化规律做出判断。形态学属于语言学研究的一个层面,其聚焦点是构词及词的内部结构,在研究中可以进行定性和定量分析相结合。我们在此以"un-"这一前缀的构词规则来看定性和定量分析的应用。

前缀和后缀黏附于哪个词干,往往与该词干的词类相关。譬如说,我们可以观察以下一组以"un-"做前缀的词(＊表示该形式是不存在的):

(1) a. "un-"黏附于形容词: unhappy、uncommon、unkind、unserious
b. "un-"黏附于动词: untie、untwist、undress、unsnap
c. "un-"黏附于名词: ＊unchair、＊unidea、＊ungiraffe、＊untree

通过观察我们可以看出:否定前缀"un-"一般黏附于形容词前,表示"不、非"之意。若黏附于动词前,表示"反向动作"之意,但一般不黏附于名词前。因此,我们可以得出"un-"的构词规则:前缀"un-"一般置于形容词或动词前。这就是定性分析。

当然,我们若想进一步观察其成词的语义,可以发现,并不是所有的形容词都可附加"un-",譬如(2)中的一组词:

(2) unhappy、＊unsad、unlovely、＊unugly、unintelligent、＊unstupid

通过观察,我们可以发现,否定前缀"un-"似乎偏好黏附于本身不带否定或消极意义的形容词前,这就是为何有"unhappy",但没有"unsad"的形式。但是,这并非绝对,因为英语中也有"unselfish"或"unhostile"这样的派生词,其中的形容词词干明显带有否定或消极的语义。那么,在多大程度上我们能得出以下结论?"un-"一般黏附于形容词前,而且该形容词多为中性或褒义词,成词后的派生性形容词多为贬义。在此我们可以借用定量分析。

我们可以在当代美国英语语料库(*Corpus of Contemporary American English*,简称 COCA)中输入"un＊.[j＊]",可搜索出所有以"un-"前缀开头的形容词,发现前 15 名的形容词的频率如下:unusual(18254)、unable(17079)、unlikely(12833)、unknown(12264)、unlike(8732)、unexpected(8614)、uncomfortable(8400)、uncertain(6479)、unintelligible(6368)、unprecedented(6326)、unfair(6040)、unhappy(5531)、unfortunate(5225)、unclear(4952)、unnecessary(4596)。这 15

个派生词中,大多具有较为明显的贬义,由此我们可以认定,以上关于"un-"这一前缀的构词规则在统计上意义也具有显著性。通过这个简单的例子可以窥见定量和定性分析在形态学研究中的应用。

参考文献

Adams, V. *An Introduction to Modern English Word-Formation* [M]. London: Longman Group Ltd., 1973.

Aitchison, J. *Words in the Mind* [M]. Oxford: Basil Blackwell, 1987.

Aitchison, J. *The Word Weavers* [M]. Cambridge: Cambridge University Press, 2007.

Anderson, S. *Phonology in the Twentieth Century: Theories of Rules and Theories of Representations* [M]. Chicago: University of Chicago Press, 1985.

Anderson, S. *A-Morphous Morphology* [M]. Cambridge: Cambridge University Press, 1992.

Anderwald, L. *The Morphology of English Dialects: Verb-Formation in Non-standard English* [M]. Cambridge: Cambridge University Press, 2009.

Aronoff, M. *Word Formation in Generative Grammar* [M]. Cambridge: MIT Press, 1976.

Aronoff, M. *Morphology by Itself* [M]. Cambridge: MIT Press, 1994.

Aronoff, M. & K. Fudeman. *What Is Morphology?* [M]. Oxford: Blackwell Publishing Ltd., 2005.

Baayen, R. H. On frequency, transparency, and productivity [A]. In G. E. Booij & J. van Marle (eds.). *Yearbook of Morphology 1992* [C]. pp: 181−208. Dordrecht: Kluwer Academic Publishers, 1993.

Baayen, R. H., Dijkstra, T. & R. Schreuder. Singulars and plurals in Dutch: Evidence for a parallel dual route model [J]. *Journal of Memory and Language*, 37, (1): 94−117, 1997.

Baayen, R. H. Corpus linguistics in morphology: Morphological productivity [A]. In A. Lüdeling & M. Kytö (eds.). *Corpus Linguistics: An International Handbook*, Vols. 2 [C]. pp: 899−919.

Berlin: Mouton de Gruyter, 2009.

Baerman, M., Brown, D. & G. G. Corbett. *The Syntax-Morphology Interface: A Study of Syncretism* [M]. Cambridge: Cambridge University Press, 2005.

Barber, C. *The English Language: A Historical Introduction* [M]. Cambridge: Cambridge University Press, 1994.

Bauer, L. *English Word-formation* [M]. Cambridge: Cambridge University Press, 1983.

Bauer, L. *Introducing Linguistic Morphology* [M]. Edinburgh: Edinburgh University Press, 1988.

Bauer, L. *Morphological Productivity* [M]. Cambridge: Cambridge University Press, 2001.

Beard, R. Morphology: history [A], In R. E. Asher (ed.). *The Encyclopedia of Language and Linguistics, Vols. 5* [C]. pp: 2573-2576. Oxford: Pergamon Press, 1994.

Benczes, R. *Creative Compounding in English* [M]. Amsterdam/Philadelphia: John Benjamins, 2006.

Bloomfield, L. *Language* [M]. New York: Holt, Rinehart and Winston, 1933. Beijing: Foreign Language Teaching and Research Press, 2002.

Bolinger, D. *Aspects of Language* [M]. New York: Harcourt Brace Jovanovich, 1975.

Booij, G. E. *The Grammar of Words: An Introduction to Linguistic Morphology* [M]. Oxford: Oxford University Press, 2005.

Booij, G. E. *Construction Morphology* [M]. Oxford: Oxford University Press, 2010.

Brinton, L. J. & E. C. Traugott. *Lexicalization and Language Change* [M]. Cambridge: Cambridge University Press, 2005.

Brown, K. *Encyclopedia of Language and Linguistics (2nd edn.)* [C]. Oxford: Elsevier, 2006.

Bussmann, H. *Routledge Dictionary of Language and Linguistics* [Z]. London: Routledge, 1996.

Bybee, J. L. *Morphology* [M]. Amsterdam/Philadelphia: Hohn Benjamins Publishing Co., 1985.

Cannon, G. Chinese borrowings in English [J]. *American Speech*, 63, (1): 3-33, 1988.

Carola, T. *Lexical Semantics and Diachronic Morphology: The Development of -hood, -dom and -ship in the History of English* [M]. Berlin: Mouton de Gruyter, 2009.

Caron, J. *Psycholinguistics* [M]. Toronto: University of Toronto Press, 1992.

Carrol, D. *Psychology of Language* [M]. New York: Brooks/Cole Publishing Company, 1999.

Carstairs-McCarthy, A. *Current Morphology* [M]. London & New York: Routledge, 1992.

Carstairs-McCarthy, A. *An Introduction to English Morphology* [M]. Edinburgh: Edinburgh University Press, 2002.

Carstairs-McCarthy, A. *The Evolution of Morphology* [M]. Oxford: Oxford University Press, 2010.

Carter, R. *Vocabulary* [M]. London: Routledge, 1998.

Chen, D. English borrowings from Chinese [J]. *Foreign Languages*, 81, (5): 58-62, 1992.

Chomsky, N. *Aspects of the Theory of Syntax* [M]. Cambridge, Mass.: MIT Press, 1965.

Clark, E. V. *The Lexicon in Acquisition* [M]. Cambridge: Cambridge University Press, 1993.

Crystal, D. *A Dictionary of Linguistics and Phonetics* [Z]. Oxford: Basil Blackwell, 1985.

Crystal, D. *Words, Words, Words* [M]. Oxford: Oxford University Press, 2006.

Crystal, D. *Txtng: The Gr8 Db8* [M]. Oxford: Oxford University Press, 2008.

Crystal, D. *A Dictionary of Linguistics and Phonetics (6th edition)* [Z]. Oxford: Wiley-Blackwell, 2008.

Dirven, R. & M. Verspoor. *Cognitive Exploration of Language and Linguistics* [M]. Amsterdam: John Benjamins, 2004.

Dressler, W. U. et al. *Leitmotifs in Natural Morphology* [M]. Amsterdam: Benjamins, 1987.

Elson, B. F. & V. B. Pickett. *Beginning Morphology and Syntax* [M]. Dallas: the Summer Institute of Linguistics, 1988.

Fauconnier, G. *Mappings in Thought and Language* [M]. Cambridge:

Cambridge University Press, 1997.

Fauconnier, G. & M. Turner. *The Way We Think* [M]. New York: Basic Books, 2002.

Feldman, A. & J. Hana. *A Resource-light Approach to Morpho-Syntactic Tagging* [M]. Amsterdam: Editions Rodopi, 2010.

Frauenfelder, U. H. & R. Schreuder. Constraining psycholinguistic models of morphological processing and representation: the role of productivity [A]. In G. Booij & J. van Marle (eds.). *Yearbook of Morphology 1991* [C]. pp: 165-185. Dordrecht: Kluwer Academic Publishers, 1992.

Givón, T. Historical syntax and synchronic morphology: An archaeologist's field trip [J]. *Linguistic Society*, 7: 394-415, 1971.

Gries, S. T. A corpus-linguistic analysis of English -ic vs -ical adjectives [J]. *ICAME Journal*, 25: 65-108, 2001.

Hall, C. J. *Morphology and Mind* [M]. London: Routledge, 1992.

Halle, M. Prolegomena to a theory of word formation [J]. *Linguistic Inquiry*, 4, (1): 3-16, 1973.

Halle, M. & A. Marantz. Distributed morphology and the pieces of inflection [A]. In K. Hale & S. J. Keyser (eds.). *The View from Building 20* [C]. pp: 111-176. Cambridge, Mass.: MIT Press, 1993.

Halle, M. & A. Marantz. Some key features of distributed morphology [A]. In A. Carnie & H. Harley (eds.). *MIT Working Papers in Linguistics 21* [C]. pp: 275-288. Cambridge, Mass.: MIT Working Papers in Linguistics, 1994.

Harley, H. *English Words: A Linguistic Introduction* [M]. Oxford: Blackwell Publishing, 2006.

Harris, Z. Distributional structure [J]. *Word*, 10, (23): 146-162, 1954.

Haspelmath, M. *Understanding Morphology* [M]. London: Arnold, 2002.

Hockett, C. F. Two models of grammatical description [J]. *Word*, 10, (23): 210-231, 1954.

Jackson, H & E. Z. Amvela. *Words, Meaning and Vocabulary* [M]. London: Cassell, 2000.

Jespersen, O. *Growth and Structure of the English Language* [M]. London: Doubleday Anchor Books, 1938.

Kager, R., Hulst, H. & W. Zonneveld. *The Prosody-Morphology Interface* [M]. Cambridge: Cambridge University Press, 1999.

Kastovsky, D. Astronaut, astrology, astrophysics: About combining forms, classical compounds and affixoids [A]. In R. W. McConchie, A. Honkapohja & J. Tyrkkö (eds.). *Selected Proceedings of the 2008 Symposium on New Approaches in English Historical Lexis* [C]. pp: 1-13. Somerville: Cascadilla Proceedings Project, 2009.

Katamba, F. *Morphology* [M]. New York: St. Martin's Press, 1993.

Katamba, F. *English Words* [M]. London & New York: Routledge, 1994.

Katamba, F. *Morphology* [M]. London: Routledge, 2005.

Kaunisto, M. *Variation and Change in the Lexicon: A Corpus-Based Analysis of Adjectives in English Ending in -ic and -ical* [M]. Amsterdam: Rodopi, 2007.

Kettemann, B., König, M. & G. Marko. The BNC and the OED. Examining the usefulness of two different types of data in an analysis of the morpheme eco [A]. In S. Granger & S. Petch-Tyson (eds.). *Language and Computers. Extending the Scope of Corpus-Based Research New Applications, New Challenges* [C]. pp: 135-148. Amsterdam: Rodopi, 2004.

Klamer, M. Semantically motivated lexical patterns: A study of Dutch and Kambera expressives [J]. *Language*, 78, (2): 258-286, 2002.

Knowlton, E. C. Jr. Chinese, Japanese, and Korean loanwords in Webster's Third [J]. *American Speech*, 45, (1/2): 8-29, 1970.

Lakoff, G. & M. Johnson. *Metaphors We Live By* [M]. Chicago: Chicago University Press, 1980.

Leech, G. Teaching and language corpora: A convergence [A]. In A. Wichmann et al. (eds.). *Teaching and Language Corpora* [C]. pp: 1-23. London & New York: Addison Wesley Longman, 1997.

Lehrer, A. Scapes, holics, and thons: The semantics of English combining forms [J]. *American Speech*, 73, (1): 3-28, 1998.

Lieber, R. *Morphology and Lexical Semantics* [M]. Cambridge: Cambridge University Press, 2004.

Lipka, L. *An Outline of English Lexicology* [M]. Tübingen: Max Niemeyer, 1992.

Lodwig, R. R. & E. F. Barrett. *Words, Words, Words: Vocabularies and Dictionaries* [M]. New Jersey: Hayden Book Co., 1973.

Lyons, J. *Introduction to Theoretical Linguistics* [M]. Cambridge: Cambridge

University Press, 1968.

Lyons, J. *Semantics* [M]. Cambridge: Cambridge University Press, 1977.

Matthews, P. H. *Morphology* (2nd edn.) [M]. Cambridge: Cambridge University Press, 1974.

Mayerthaler, W. *Naturalness in Morphology* [M]. Ann Arbor: Karoma, 1988.

McMillan, J. B. Infixing and interposing in English [J]. *American Speech*, 55, (3): 163−183, 1980.

Miller, D. G. *Latin Suffixal Derivatives in English and Their Indo-European Ancestry* [M]. Oxford: Oxford University Press, 2006.

Miller, G. A. *The Science of Words* [M]. New York: Scientific American Library, 1991.

Moody, A. J. Transmission languages and source languages of Chinese borrowings in English [J]. *American Speech*, 71, (4): 405 − 420, 1996.

Mühleisen, S. *Heterogeneity in Word-Formation Patterns: A Corpus-Based Analysis of Suffixation with -ee and Its Productivity in English* [M]. Amsterdam: John Benjamins, 2010.

Onions, C. T. *The Oxford Dictionary of English Etymology* [Z]. Oxford: The Clarendon Press, 1966.

Packard, J. L. *The Morphology of Chinese: A Linguistic and Cognitive Approach* [M]. Cambridge: Cambridge University Press, 2000.

Palmer, A. S. *Folk-etymology: A Dictionary of Verbal Corruptions or Words Perverted in Form or Meaning, by False Derivation or Mistaken Analogy* [M]. London: George Bell and Sons, 1882.

Palmer, F. R. *Grammar* [M]. London: Penguin Books, 1980.

Plag, I. *Morphological Productivity: Structural Constraints in English Derivation* [M]. Berlin: Mouton de Gruyter, 1999.

Plag, I. *Word-Formation in English* [M]. Cambridge: Cambridge University Press, 2003.

Radford, A. et al. *Linguistics: An Introduction* [M]. Cambridge: Cambridge University Press, 1999.

Richards, J. C., Platt, J. T. & H. Weber. *Longman Dictionary of Applied Linguistics* [M]. London: Longman Group Ltd., 1985.

Roark, B. & R. Sproat. *Computational Approaches to Morphology and Syntax*

[M]. Oxford: Oxford University Press, 2007.

Robins, R. H. *A Short History of Linguistics* [M]. London: Longman Group Ltd., 1979.

Robins, R. H. *General Linguistics: An Introductory Survey* [M]. London: Longman Group Ltd., 1989.

Saussure, F. de. *Course in General Linguistics* [M]. New York: Philosophical Library, 1959.

Siegel, D. *Topics in English Morphology* [M]. New York: Garland, 1979.

Spencer, A. *Morphological Theory* [M]. Oxford: Basil Blackwell Ltd., 1991.

Spencer, A. & A. M. Zwicky. *The Handbook of Morphology* [M]. Oxford: Wiley-Blackwell Publishing Ltd., 2001. 叶起昌,《形态学研究指南导读》[M]. Beijing: Peking University Press, 2007.

Sproat, R. & C. Shih. Corpus-based methods in Chinese morphology and phonology [A]. In International Conference on Computational Linguistics (COLING), 2001.

Štekauer, P. & R. Lieber. *Handbook of Word-Formation* [M]. Dordrecht: Springer, 2005.

Stockwell, R. & D. Minkova. *English Words* [M]. Cambridge: Cambridge University Press, 2001.

Svartvik, J. & G. Leech. *English: One Tongue, Many Voices* [M]. New York: Palgrave Macmillan, 2006.

Trask, R. L. *A Dictionary of Grammatical Terms in Languages* [M]. London: Routledge, 1993.

Ungerer, F. & H. J. Schmid. *An Introduction to Cognitive Linguistics* [M]. London: Addison Wesley Longman Limited, 1996. Beijing: Foreign Language Teaching and Research Press, 2001.

Warren, B. The importance of combining forms [A]. In W. U. Dressler et al. (eds.). *Contemporary Morphology* [C]. pp: 111-132. Berlin: Mouton de Gruyter, 1990.

Yang, J. Chinese borrowings in English [J]. *World Englishes*, 28, (1): 90-106, 2009.

Yuan Jiahua. English words of Chinese origin [J]. *Journal of Chinese Linguistics*, 9, (2): 244-287, 1981.

比阿特丽斯·华伦. 组合成分的重要性[J]. 榕培译. 外语与外语教学. 1995,(2).

布龙菲尔德. 语言论[M]. 袁家骅等译. 北京:商务印书馆,1997.
陈光磊. 汉语词法论[M]. 上海:学林出版社,1994.
陈原. 社会语言学[M]. 北京:商务印书馆,1983.
董秀芳. 论句法结构的词化[J]. 语言研究. 2002,(3).
董秀芳. 汉语词缀的性质与汉语词法特点[J]. 汉语学习. 2005,(6).
郭鸿杰. 从形态学角度论汉语中的英语借词对汉语构词法的影响[J]. 上海交通大学学报(社会科学版). 2002,(4).
胡以鲁. 国语学草创[M]. 北京:商务印书馆,1913.
李冬. 英语组合形式及新古典复合词[J]. 外语教学. 1985,(1).
林承璋. 英语词汇学引论[M]. 武汉:武汉大学出版社,1997.
林福美. 现代英语词汇学[M]. 合肥:安徽教育出版社,1985.
陆国强. 现代英语词汇学[M]. 上海:上海外语教育出版社,1999.
吕叔湘. 汉语语法分析问题[M]. 北京:商务印书馆,1979.
钱冠连. 语言的递归性及其根源[J]. 外国语. 2001,(3).
邵斌. 漫话英语时尚新词[M]. 大连:大连理工大学出版社,2006.
邵斌. 透过新词看文化[M]. 杭州:浙江大学出版社,2008.
邵斌、王文斌. 英语情态动词must的语法化和去语法化认知阐释[J]. 现代外语. 2012,(2).
史有为. 汉语外来词[M]. 北京:商务印书馆,2000.
王灿龙. 词化二例——兼谈词化和语法化的关系[J]. 当代语言学. 2005,(3).
王奇. 分布形态学[J]. 当代语言学. 2008,(1).
汪榕培(译). 组合形式的重要性[J]. 外语与外语教学. 1995,(2).
汪榕培. 英语词汇学教程[M]. 上海:上海外语教育出版社,1997.
汪榕培,卢晓娟. 英语词汇学教程[M]. 上海:上海外语教育出版社,1997.
汪榕培. 英语词汇学高级教程[M]. 上海:上海外语教育出版社,2002.
王甦,汪安圣. 认知心理学[M]. 北京:北京大学出版社,1999.
王文斌. 英语词汇语义学[M]. 杭州:浙江教育出版社,2001.
王文斌,林波. 英语幽默言语的认知语用探究[J]. 外国语. 2003,(4).
王文斌. 概念合成理论研究与应用的回顾与思考[J]. 外语研究. 2004,(1).
王文斌. 英语词法概论[M]. 上海:上海外语教育出版社,2005.
邬菊艳,王文斌. 英语"类词缀"的认知阐释[J]. 外语与外语教学. 2009,(2).

邬菊艳,王文斌. 论估推和类比在英语构词析取中的作用[J]. 解放军外国语学院学报. 2010,(1).

徐国庆. 现代汉语词汇系统论[M]. 北京:北京大学出版社,1999.

许余龙. 对比语言学[M]. 上海:上海外语教育出版社,2002.

尹海良. 基于语料库的现代汉语词缀与派生词自动识别问题初探[J]. 语言文字应用. 2010,(1).

叶起昌,形态学研究指南导读[M]. Beijing：Peking University Press, 2007.

张辉. 熟语及其理解的认知语义学研究[M]. 北京:军事谊文出版社, 2003.

张建理,邵斌. 从回溯词看当代语言演进[J]. 外语教学与研究. 2010,(3).

张维友. 英汉语词汇对比研究[M]. 上海:上海外语教育出版社,2010.

周先武,王文斌. 英语名—名复合词中独立框架与复合框架关系研究[J]. 中国外语. 2010,(3).

什么是形态学
术语汇览

abbreviation	首字母缩凑词／首字母缩凑法
abduction	估推
ablaut	元音交替
acquire	习得
acronym	首字母缩拼法／首字母缩拼词
activation	激活
active voice	主动语态
adjustment model	调整模式
affix	词缀
agent	施事
agent nouns	施事名词
agglutinating language	黏着语
alians	舶来词
allomorph	词素变体
alternating rhythm	交替性节奏规则
a-morphous morphology	无定型形态学
analogy	类比法
analytic language	分析语
antilexicalization	反词汇化
antonymy	反义关系
arbitrary	任意的
archaic forms	古词的形式
arrangement	线性配列
aspect	体
assimilation	同化

associative field	联想场
back clipping	缩略原词的尾部
back-formation	逆成法
backronym	逆向的首字母缩拼词
base	词基
blending	缩合法
blocking	阻挡
borrowing	外来词借用法/借词
bound morpheme	黏附词素
bound root	黏附词根
calques	仿译词
case	格
causative meaning	使役义
circumfix	环缀
clipping	截短法/截短词
closed class word	封闭词
co-headed	并立中心成分
coinage	创新法
collocation	搭配关系
combinatory morphology	结合形态学
combining form	组合成分
comparative linguistics	比较语言学
complex word	复杂词
compound	复合词
compound frame	复合框架
compounding	复合法
conjugations	动词的词形变化
consonant cluster	辅音丛
content words	实词
continuum	连续统
covariation	共性变异
conversion	转类法/转类词
declension	名词、形容词和代词的词形变化
denizened	归化的

denizen	归化词
derivation	派生法
derivational affix	派生词缀
derivational (word)	派生词
diachronic morphology	历时形态学
diminutive	小称词
dimorphemic word	双词素词
distributed morphology	分布形态学
distributionalism	分布主义
double agentives	双施事
empty morph	空词素
endocentric construction	向心结构
entrenched	固化
exocentric construction	离心结构
expletives	詈词
extending	词义的扩大化
folk etymology	流俗词源
formal	正式
free morpheme	自由词素
free root	自由词根
front and back clipping	缩略原词的首部和尾部
front clipping	缩略原词的首部
functional shift	转类法/词
functional words	功能词
gender	性
gestalt principle	完型原则
grammaticalization	语法化
grammatical morpheme	语法词素
group of words	词群
habitual	习惯性
hapax legomenon	单频词
headword	首词
homography	同形异义关系
homonymy	同音异义关系

hyphenated form	连字式
hyponymy	上下义关系
incorporating language	混合语
independent frame	独立框架
indicative mood	直陈语气
infix	中缀
inflection	屈折变化
inflectional affix	屈折词缀
inflectional language	屈折语
inflectional suffix	屈折性后缀
inflectional (word)	屈折词
initialism	首字母缩凑词/首字母缩凑法/首字母连写法
integrated affix	溶合性词缀
internal lexicon	内部词典
interword	词际
inter-word relationship	词际关系
introflecting language	内部屈折语言
irregular	不规则性
irregular word	不规则词
isolating language	孤立语
item	项
item-and-arrangement approach	项与配列分析法
item-and-process approach	项与变化分析法
late insertion	词汇晚插入
Latinized	拉丁语化
learned	学术
lemma	词原形
lemmatization	词原形归并处理
lexeme	词位
lexeme-based morphology	形态分析方法
lexical access	词汇通达
lexical density	词汇密度
lexicalism	词语主义

lexicalization	词化
lexical morpheme	词汇词素
lexical phonology	词汇音位学
lexical recognition	词语识别
lexicon	词典
linear	线性
linguistic unit	语言单位
linking element	连接成分
list	单子
loan translation	借译词
mental lexicon	心理词典
mental representation	心理表征
meronymy	部分与整体关系
metaphor	隐喻
metonymy	转喻
monomorphemic word	单词素词
non-word	非词
mood	态
morph	形素
morpheme	词素
morpheme-based morphology	基于词素的形态学
morpheme-per-word ratio	词素词语比
morphemic alternant/variant	词素交替形式
morphological criteria	形态准则
morphological glue	形态粘合剂
morphological lexicalization	形态词化
morphologically complex word	形态复杂词
morphological productivity	形态能产性
morphological race model	形态竞争模型
morphological restriction	形态制约因素
morphological structure	形态结构
morphologist	形态学家
morphology	形态学
morphophonemic rule	形态音位学规则

morphophonemics	形态音位学
morphophonology/morphnology	形态音位学
morphopragmatics	形态语用学
morphosemantics	形态语义学
morphosyntax	形态句法学
morphotactics	词素配列学
multimorphemic word	多词素词
multiword word	多词词
narrowing	词义的狭化
native word	土生土长的词
naturalized	归化的
natural morphology	自然形态学
natural phonology	自然音位学
neoclassical compound	新古典复合词
neoclassical quasi-compound	新古典类复合词
neutral affix	中性词缀
nonconcatenative morphology	非连锁型形态学
non-free root	非自由词根
non-habitual	非习惯性
number	数
object-superiority effect	客体优势效应
obligatory	强制性的
open class word	开放词
open form	开放式
orthography	正字法
overgeneralization	过度概化
paradigm	词形变化表
paradigm morphology	词形变化形态学
phonemics	音位学
phonetic representation	语音表征
phonological criterion	音位标准
phonological lexicalization	音系词化
phonological restrictions	音系制约因素
phonological segment	音系音段

phonological structure	音系结构
phonology	音位学
phonotactical	音位组配的
phrasal lexicalization	短语词化
phrasal semantics	短语语义学
phrasal word	短语词
phrase	短语
polymorphemic word	多词素词
polysemy	一词多义关系
polysynthetic language	混合语
popular	通俗
potential	潜在
pragmatic effect	语用效果
pragmatic factor	语用因素
prefix	前缀
process morphology	变化形态学
productivity	能产性
prominence principle	突显原则
proper name	专有名词法
quasi-affix	类词缀
reanalysis	重新分析
reconstruct	构拟
recursion	递归性
recursiveness	递归性
redundancy	语义冗余
regular	规则性的
regular word	规则词
restriction	制约因素
retrieve	提取
retronymic modifier	回溯修饰语
retronym	回溯词
retronymy	回溯性
root	词根
root morpheme	根词素

scale	级阶
secretion	析取法/析取词
semantically driven	语义驱动
semantic borrowing	语义借用词
semantic criterion	语义标准
semantic field	语义场
semantic restriction	语义制约因素
sense relations	词义关系
sentential lexicalization	句子词化
sentential semantics	句子语义学
sequence of sounds	音序
shortening	缩略法/缩略词
signified	所指
signifier	能指
simple blending	简单合成
simple word	简单词
simplicity	简单
solid form	固体式
sound-added form	加音式
sound sequence	音序列
sound symbolism	语音象征性
source domain	源域
spell out	拼出
stem	词干
stress shift	重音转移
strong-weak-strong	强-弱-强节奏
subdiscipline	分科
subfield	分支
sub-selection model	次选择模式
subset	子集
suffix	后缀
suppletive	异干替换词
suprasegmental feature	超音段特征
symbolic connotation	象征意蕴

syncope	缩略原词的腰部
syncretism	屈折形式融合
synonymous restriction	同义制约因素
synonymy	同义关系
syntactic category	句法范畴
syntactic criteria	句法准则
syntactic hierarchical structure all the way down	句法词法同构
syntactic lexicalization	句法词化
syntactic restriction	句法制约因素
syntagmatic relations	横组合关系
syntax	句法学
synthetic language	综合语
target domain	目标域
taxonymy	分类关系
tense	时
the domain of stress assignment	重音指派域
the internal meanings of word	词的内部语义
the phonetic theory	语音论
token	例
transparency	显性
trigger	引发
triliteral root	三辅音词根
type	型
type-token ratio	型-例比率
umlaut	元音变化
underspecification	特征不详标
utterance	言语
variant	变体
variation	词形变异
word-and-paradigm approach	词与词形变化分析法
word-and-paradigm model	词与词形的变化模式
word-based morphology	基于词的形态学
word-external	词外

word form	词形
word formation	构词法
word formation rule	构词规则
word-internal	词内
word-superiority effect	优势效应
zero-derivative	零位派生词

推荐书目

外文部分

Ackema, P. & A. Neeleman. *Beyond Morphology: Interface Conditions on Word Formation* [M]. Oxford: Oxford University Press. 2007.

Aitchison, J. *Words in the Mind* [M]. Oxford: Basil Blackwell, 1987.

Aitchison, J. *The Word Weavers* [M]. Cambridge: Cambridge University Press, 2007.

Anderson, S. *A-Morphous Morphology* [M]. Cambridge: Cambridge University Press, 1992.

Aronoff, M. *Morphology by Itself* [M]. Cambridge: MIT Press, 1994.

Aronoff, M. & K. Fudeman. *What Is Morphology?* [M]. Oxford: Blackwell Publishing Ltd., 2005.

Baerman, M., Brown, D. & G. G. Corbett. *The Syntax-Morphology Interface: A Study of Syncretism* [M]. Cambridge: Cambridge University Press, 2005.

Bauer, L. *Introducing Linguistic Morphology* [M]. Edinburgh: Edinburgh University Press, 1988.

Benczes, R. *Creative Compounding in English* [M]. Amsterdam/Philadelphia: John Benjamins, 2006.

Bendjaballah, S. et al. *Morphology 2000* [C]. Amsterdam/Philadelphia: John Benjamins Publishing Company, 2002.

Booij, G. E. *The Grammar of Words: An Introduction to Linguistic Morphology* [M]. Oxford: Oxford University Press, 2005.

Booij, G. E. *Construction Morphology* [M]. Oxford: Oxford University Press, 2010.

Brinton, L. J. & E. C. Traugott. *Lexicalization and Language Change* [M].

Cambridge: Cambridge University Press, 2005.

Bybee, J. L. *Morphology* [M]. Amsterdam/Philadelphia: John Benjamins Publishing Co., 1985.

Carola, T. *Lexical Semantics and Diachronic Morphology: The Development of -hood, -dom and -ship in the History of English* [M]. Berlin: Walter de Gruyter, 2009.

Carrol, D. *Psychology of Language* [M]. New York: Brooks/Cole Publishing Company, 1999.

Carstairs-McCarthy, A. *An Introduction to English Morphology* [M]. Edinburgh: Edinburgh University Press, 2002.

Carstairs-McCarthy, A. *The Evolution of Morphology* [M]. Oxford: Oxford University Press, 2010.

Clark, E. V. *The Lexicon in Acquisition* [M]. Cambridge: Cambridge University Press, 1993.

Crystal, D. *Words, Words, Words* [M]. Oxford: Oxford University Press, 2006.

Elson, B. F. & V. B. Pickett. *Beginning Morphology and Syntax* [M]. Dallas: the Summer Institute of Linguistics, 1988.

Feldman, A. & J. Hana. *A Resource-Light Approach to Morpho-Syntactic Tagging* [M]. Amsterdam: Editions Rodopi, 2010.

Hall, C. J. *Morphology and Mind* [M]. London: Routledge, 1992.

Harley, H. *English Words: A Linguistic Introduction* [M]. Oxford: Blackwell Publishing, 2006.

Haspelmath, M. *Understanding Morphology* [M]. London: Arnold, 2002.

Kager, R., Hulst, H. & Zonneveld, W. *The Prosody-Morphology Interface* [M]. Cambridge: Cambridge University Press, 1999.

Katamba, F. *Morphology* [M]. London: Routledge, 2005.

Kaunisto, M. *Variation and Change in the Lexicon: A Corpus-Based Analysis of Adjectives in English Ending in -ic and -ical* [M]. Amsterdam: Rodopi, 2007.

Lieber, R. *Morphology and Lexical Semantics* [M]. Cambridge: Cambridge University Press, 2004.

Lieber, R. *Introducing Morphology* [M]. Cambridge: Cambridge University Press, 2007.

Lipka, L. *An Outline of English Lexicology* [M]. Tübingen: Max Niemeyer,

1992.

Matthews, P. H. *Morphology* (2nd edn.) [M]. Cambridge: Cambridge University Press, 1974.

Mel'ǔuk, I. A. *Aspects of the Theory of Morphology* [M]. Berlin/New York: Mouton de Gruyter, 2006.

Miller, G. A. *The Science of Words* [M]. New York: Scientific American Library, 1991.

Packard, J. L. *The Morphology of Chinese: A Linguistic and Cognitive Approach* [M]. Cambridge: Cambridge University Press, 2000.

Plag, I. *Word-Formation in English* [M]. Cambridge: Cambridge University Press, 2003.

Roark, B. & R. Sproat. *Computational Approaches to Morphology and Syntax* [M]. Oxford: Oxford University Press, 2007.

Spencer, A. *Morphological Theory* [M]. Oxford: Basil Blackwell Ltd., 1991.

Spencer, A. & A. M. Zwicky. *The Handbook of Morphology* [M]. Oxford: Blackwell Publishing Ltd., 2001. 叶起昌,《形态学研究指南导读》[M]. Beijing: Peking University Press, 2007.

Stockwell, R. & D. Minkova. *English Words* [M]. Cambridge: Cambridge University Press, 2001.

Svartvik, J. & G. Leech. *English: One Tongue, Many Voices* [M]. New York: Palgrave Macmillan, 2006.

中文部分

陈光磊. 汉语词法论[M]. 上海:学林出版社,1994.
董秀芳. 汉语的词库与词法[M]. 北京:北京大学出版社,2004.
符淮青. 现代汉语词汇[M]. 北京:北京大学出版社,2004.
陆国强. 现代英语词汇学[M]. 上海:上海外语教育出版社,1999.
刘叔新. 词汇研究[M]. 北京:外语教学与研究出版社,2006.
邵斌. 漫话英语时尚新词[M]. 大连:大连理工大学出版社,2006.
温端政. 汉语语汇学[M]. 北京:商务印书馆,2005.
汪榕培. 英语词汇学高级教程[M]. 上海:上海外语教育出版社,2002.
王文斌. 英语词法概论[M]. 上海:上海外语教育出版社,2005.
徐国庆. 现代汉语词汇系统论[M]. 北京:北京大学出版社,1999.
张维友. 英汉语词汇对比研究[M]. 上海:上海外语教育出版社,2010.
朱彦. 汉语复合词语义构词法研究[M]. 北京:北京大学出版社,2004.

phonological structure	音系结构
phonology	音位学
phonotactical	音位组配的
phrasal lexicalization	短语词化
phrasal semantics	短语语义学
phrasal word	短语词
phrase	短语
polymorphemic word	多词素词
polysemy	一词多义关系
polysynthetic language	混合语
popular	通俗
potential	潜在
pragmatic effect	语用效果
pragmatic factor	语用因素
prefix	前缀
process morphology	变化形态学
productivity	能产性
prominence principle	突显原则
proper name	专有名词法
quasi-affix	类词缀
reanalysis	重新分析
reconstruct	构拟
recursion	递归性
recursiveness	递归性
redundancy	语义冗余
regular	规则性的
regular word	规则词
restriction	制约因素
retrieve	提取
retronymic modifier	回溯修饰语
retronym	回溯词
retronymy	回溯性
root	词根
root morpheme	根词素

scale	级阶
secretion	析取法/析取词
semantically driven	语义驱动
semantic borrowing	语义借用词
semantic criterion	语义标准
semantic field	语义场
semantic restriction	语义制约因素
sense relations	词义关系
sentential lexicalization	句子词化
sentential semantics	句子语义学
sequence of sounds	音序
shortening	缩略法/缩略词
signified	所指
signifier	能指
simple blending	简单合成
simple word	简单词
simplicity	简单
solid form	固体式
sound-added form	加音式
sound sequence	音序列
sound symbolism	语音象征性
source domain	源域
spell out	拼出
stem	词干
stress shift	重音转移
strong-weak-strong	强-弱-强节奏
subdiscipline	分科
subfield	分支
sub-selection model	次选择模式
subset	子集
suffix	后缀
suppletive	异干替换词
suprasegmental feature	超音段特征
symbolic connotation	象征意蕴

syncope	缩略原词的腰部
syncretism	屈折形式融合
synonymous restriction	同义制约因素
synonymy	同义关系
syntactic category	句法范畴
syntactic criteria	句法准则
syntactic hierarchical structure all the way down	句法词法同构
syntactic lexicalization	句法词化
syntactic restriction	句法制约因素
syntagmatic relations	横组合关系
syntax	句法学
synthetic language	综合语
target domain	目标域
taxonymy	分类关系
tense	时
the domain of stress assignment	重音指派域
the internal meanings of word	词的内部语义
the phonetic theory	语音论
token	例
transparency	显性
trigger	引发
triliteral root	三辅音词根
type	型
type-token ratio	型-例比率
umlaut	元音变化
underspecification	特征不详标
utterance	言语
variant	变体
variation	词形变异
word-and-paradigm approach	词与词形变化分析法
word-and-paradigm model	词与词形的变化模式
word-based morphology	基于词的形态学
word-external	词外

word form	词形
word formation	构词法
word formation rule	构词规则
word-internal	词内
word-superiority effect	优势效应
zero-derivative	零位派生词

推荐书目

外文部分

Ackema, P. & A. Neeleman. *Beyond Morphology: Interface Conditions on Word Formation* [M]. Oxford: Oxford University Press. 2007.

Aitchison, J. *Words in the Mind* [M]. Oxford: Basil Blackwell, 1987.

Aitchison, J. *The Word Weavers* [M]. Cambridge: Cambridge University Press, 2007.

Anderson, S. *A-Morphous Morphology* [M]. Cambridge: Cambridge University Press, 1992.

Aronoff, M. *Morphology by Itself* [M]. Cambridge: MIT Press, 1994.

Aronoff, M. & K. Fudeman. *What Is Morphology?* [M]. Oxford: Blackwell Publishing Ltd., 2005.

Baerman, M., Brown, D. & G. G. Corbett. *The Syntax-Morphology Interface: A Study of Syncretism* [M]. Cambridge: Cambridge University Press, 2005.

Bauer, L. *Introducing Linguistic Morphology* [M]. Edinburgh: Edinburgh University Press, 1988.

Benczes, R. *Creative Compounding in English* [M]. Amsterdam/Philadelphia: John Benjamins, 2006.

Bendjaballah, S. et al. *Morphology 2000* [C]. Amsterdam/Philadelphia: John Benjamins Publishing Company, 2002.

Booij, G. E. *The Grammar of Words: An Introduction to Linguistic Morphology* [M]. Oxford: Oxford University Press, 2005.

Booij, G. E. *Construction Morphology* [M]. Oxford: Oxford University Press, 2010.

Brinton, L. J. & E. C. Traugott. *Lexicalization and Language Change* [M].

Cambridge: Cambridge University Press, 2005.
Bybee, J. L. *Morphology* [M]. Amsterdam/Philadelphia: John Benjamins Publishing Co., 1985.
Carola, T. *Lexical Semantics and Diachronic Morphology: The Development of -hood, -dom and -ship in the History of English* [M]. Berlin: Walter de Gruyter, 2009.
Carrol, D. *Psychology of Language* [M]. New York: Brooks/Cole Publishing Company, 1999.
Carstairs-McCarthy, A. *An Introduction to English Morphology* [M]. Edinburgh: Edinburgh University Press, 2002.
Carstairs-McCarthy, A. *The Evolution of Morphology* [M]. Oxford: Oxford University Press, 2010.
Clark, E. V. *The Lexicon in Acquisition* [M]. Cambridge: Cambridge University Press, 1993.
Crystal, D. *Words, Words, Words* [M]. Oxford: Oxford University Press, 2006.
Elson, B. F. & V. B. Pickett. *Beginning Morphology and Syntax* [M]. Dallas: the Summer Institute of Linguistics, 1988.
Feldman, A. & J. Hana. *A Resource-Light Approach to Morpho-Syntactic Tagging* [M]. Amsterdam: Editions Rodopi, 2010.
Hall, C. J. *Morphology and Mind* [M]. London: Routledge, 1992.
Harley, H. *English Words: A Linguistic Introduction* [M]. Oxford: Blackwell Publishing, 2006.
Haspelmath, M. *Understanding Morphology* [M]. London: Arnold, 2002.
Kager, R., Hulst, H. & Zonneveld, W. *The Prosody-Morphology Interface* [M]. Cambridge: Cambridge University Press, 1999.
Katamba, F. *Morphology* [M]. London: Routledge, 2005.
Kaunisto, M. *Variation and Change in the Lexicon: A Corpus-Based Analysis of Adjectives in English Ending in -ic and -ical* [M]. Amsterdam: Rodopi, 2007.
Lieber, R. *Morphology and Lexical Semantics* [M]. Cambridge: Cambridge University Press, 2004.
Lieber, R. *Introducing Morphology* [M]. Cambridge: Cambridge University Press, 2007.
Lipka, L. *An Outline of English Lexicology* [M]. Tübingen: Max Niemeyer,

1992.

Matthews, P. H. *Morphology* (*2nd edn.*) [M]. Cambridge: Cambridge University Press, 1974.

Mel'ŭuk, I. A. *Aspects of the Theory of Morphology* [M]. Berlin/New York: Mouton de Gruyter, 2006.

Miller, G. A. *The Science of Words* [M]. New York: Scientific American Library, 1991.

Packard, J. L. *The Morphology of Chinese: A Linguistic and Cognitive Approach* [M]. Cambridge: Cambridge University Press, 2000.

Plag, I. *Word-Formation in English* [M]. Cambridge: Cambridge University Press, 2003.

Roark, B. & R. Sproat. *Computational Approaches to Morphology and Syntax* [M]. Oxford: Oxford University Press, 2007.

Spencer, A. *Morphological Theory* [M]. Oxford: Basil Blackwell Ltd., 1991.

Spencer, A. & A. M. Zwicky. *The Handbook of Morphology* [M]. Oxford: Blackwell Publishing Ltd., 2001. 叶起昌,《形态学研究指南导读》[M]. Beijing: Peking University Press, 2007.

Stockwell, R. & D. Minkova. *English Words* [M]. Cambridge: Cambridge University Press, 2001.

Svartvik, J. & G. Leech. *English: One Tongue, Many Voices* [M]. New York: Palgrave Macmillan, 2006.

中文部分

陈光磊. 汉语词法论[M]. 上海:学林出版社,1994.

董秀芳. 汉语的词库与词法[M]. 北京:北京大学出版社,2004.

符淮青. 现代汉语词汇[M]. 北京:北京大学出版社,2004.

陆国强. 现代英语词汇学[M]. 上海:上海外语教育出版社,1999.

刘叔新. 词汇研究[M]. 北京:外语教学与研究出版社,2006.

邵斌. 漫话英语时尚新词[M]. 大连:大连理工大学出版社,2006.

温端政. 汉语语汇学[M]. 北京:商务印书馆,2005.

汪榕培. 英语词汇学高级教程[M]. 上海:上海外语教育出版社,2002.

王文斌. 英语词法概论[M]. 上海:上海外语教育出版社,2005.

徐国庆. 现代汉语词汇系统论[M]. 北京:北京大学出版社,1999.

张维友. 英汉语词汇对比研究[M]. 上海:上海外语教育出版社,2010.

朱彦. 汉语复合词语义构词法研究[M]. 北京:北京大学出版社,2004.